尋魂

藍博洲／著

目錄／

尋找四六英魂

周慎源

一、台灣省警備總司令部「通緝人犯年貌表」

敘事者：一九四九年四月五日晚上，台灣省警備總司令陳誠為了壓制台北日漸蓬勃的學運，發出了一份以當時師範學院學生自治會主席周慎源為首的，包括台大與師院兩校學生領袖十餘人的通緝令。然而，兩校學生拒不交出「黑名單」上的同學，大批的軍警於是在四月六日凌晨，衝進學生宿舍硬行逮捕。此一事件史稱：「四六事件」或「四六慘案」。

據官方後來發布的消息，當天，一共有一百多名，以台大與師院為主的學生被捕。但是，頭號「要犯」周慎源並沒有在被捕名單之內。

周慎源僅存的遺照。

七月一日，台灣省主席陳誠，又以「參捌午東府紀三字第三五七六號」台灣省政府代電，分電各縣市政府，要求嚴緝包括周慎源在內的、二十名漏網的「潛伏本省之奸嫌分子」；除了電令外，台灣省警備總司令部還抄發「通緝人犯年貌表」一份，作為查緝參考：

姓名：周慎源
性別：男
年齡：
籍貫：台灣
住址：不詳
案由：「三二一」事件首要領導人物學生自治會第一任主席平日言論歪曲
請緝機關：警備總司令部
緝獲應送機關：同上
備考：前師院教育系學生

事實上，周慎源應是師院數學系學生。就此來看，當時，警備總司令部所掌握的關於周慎源的檔案資料，仍然是模糊的。而查緝行動也遲遲沒有結果。

周慎源失蹤了。

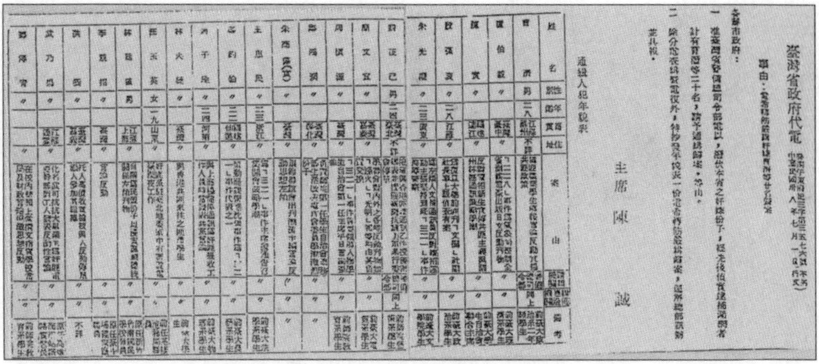

臺灣省政府代電

主席 陳誠

姓名	性別	年齡	籍貫	住址	案由	請緝機關	緝獲應送機關	備考

一九四九年七月一日，台灣省主席陳誠分電各縣市政府嚴緝周慎源等二十名漏網的「奸嫌份子」。

從此以後，包括情治單位的特工和周慎源的親友們都在尋找周慎源。周慎源的下落，於是變成那個動盪年代的一則傳奇。

二、清明的潤餅與校園的風暴

敘事者：一九八八年十月廿六日，我在尋訪台灣民眾史的現場偶然聽到周慎源的名字及其簡單事蹟，從而展開了「尋找周慎源」的歷史之旅。

一九九四年五月二十日，通過台灣地區政治受難人互助會的協助，我在台北麗水街見到周慎源的二哥周慎平先生與二嫂楊梅喜夫婦。通過周慎平先生介紹，八月廿八日，我先在嘉義縣水上鄉採訪了周慎源的大哥周慎吉與大嫂顏麗貞夫婦。然後我又通過周慎吉先生的介紹，在嘉義市採訪了周慎源的公學校同學林連山先生。

這樣，我對周慎源的成長背景有了初步的了解。

現在，我們就從一九四九年清明的潤餅，展開「尋找周慎源」的故事吧。

周慎平：我一共有三個兄弟。阿源仔，是小我四歲的弟弟周慎源。我們本籍嘉義鹿草鄉。光復後，我在台北樟腦廠擔任助理技術師。一九四八年三月，我分配到杭州南路

周慎源的大哥與大嫂，一九九四年八月廿八日，嘉義縣水上鄉。（藍博洲／攝）

一九九四年五月二十日周慎平先生與妻子於台北麗水街。（藍博洲／攝）

二段的公司宿舍，就把戶籍遷到台北。在附近的師範學院數學系就讀的阿源仔，戶籍也設在一起。但是，他平常都住在學校宿舍，因為距離不遠，有空的時候，也常常會過來走走。

一九四九年四月五日，恰逢清明。我下了班，回到宿舍時，天色還沒有暗下來。一進門，我看到餐桌上已經擺出做好的潤餅，忍不住嘴饞，隨手就拿了一個來吃。肚子餓了？這時候，新婚不到半年的我的妻子梅喜剛好端著菜從廚房出來。她看了一眼我的吃相，就笑著說等阿源仔回來，再一起吃吧。我吞下口裡的潤餅，問說他有說要回來嗎？梅喜說，上回來的時候，她有跟他交代，四月初五是清明，家裡做了潤餅，要他回來吃。上回是什麼時候呢？我問，然後倒了一杯開水，潤了潤喉，又繼續說，自從他當上什麼自治會主席之後已經好久沒看到人了，也不曉得都在忙些什麼？最近，台北的學生跟警察鬧得很凶，我還真替他擔心呢。可是，我們一直等到飯菜都涼掉了，阿源仔還是沒有回來。我們於是自己吃了那些潤餅。

敘事者：就在周慎平夫婦等待弟弟阿源仔回來共用那頓清明的晚餐的時候，師範學院學生自治會主席周慎源的命運正走到他悲劇性的開端。

一九七五年四月，美國老保釣所辦的中文雜誌《台聲》第五期發表署名「一貫」的作者所寫的〈一九四九台北四．六學生運動〉一文，首先揭露了那段不為後人所知的歷史。一九八四年四月，事件後的三十五周年，當年師範學院學生自治會的第一任主席，後來被台灣省警備總司令部通緝而出走大陸的彰化籍的鄭鴻溪，在北京的《台聲》雜誌又發表一篇〈回憶台灣「四六」事件〉，見證了事態的後續發展。一九八九年起，我也在海峽兩岸乃至於日本陸陸續續採訪了與周慎源有直接間接關係的原師範學院或台大的學生。首先是同年四月六日，在台北市，採訪了原師範學院教育系學生盧兆麟；接著是原台大麥浪歌詠隊主幹成員，台大電機系學生張以淮。一九九〇年四月五日，在北京人民大學教師宿舍採訪了名列「四六」黑名單的原台大自聯會主席兼農學院學生自治會主席陳實（易名為方生）。一九九三年，先是六月十日於北京人民大學教師

一九七五年四月美國《台聲》雜誌第五期。

宿舍採訪了原台大政治系學生殷葆宗；十月二日，又在北京民族飯店採訪了原台大數學系女學生，也是麥浪成員的胡世璘。一九九五年十一月十七日，歷經多年尋找之後，終於在京都立命館大學招待所見到了正在日本岐阜大學教授俳句的原師院學生自治會學術部長，名列通緝黑名單之一的英語科學生朱商彝，並且與他做了第一次的詳細訪談。到了一九九七年三月，廿一日到廿七日，一週之間，我又從台北市到屏東縣竹田鄉，密集採訪了盧兆麟、黃正道、謝培元、曾文華、洪敏麟、蔡德本、涂炳郎、陳丁旺、李松盛等原師範學院學生。綜合他們不同視角的證言，我對當年周慎源被誘捕又脫逃從而引發當局鎮壓學運的所謂「四六事件」，也有了比較具體的把握。

當年的師院學生。

那天傍晚，兩名便衣特務來到龍泉街口的師院學生宿舍，然後向一個正在附近的小雜貨店買東西的劉姓學生搭訕，說他們是周慎源的親戚，剛從南部上來，想看看他，請這個學生回宿舍叫他出來。這名學生不疑有詐，就跑回宿舍去叫周慎源。周慎源也以為真有親戚來訪，很快就出來了。他來到雜貨店門前，還沒來得及看清這兩名「親戚」的長相，就被架上停在一邊的三輪車。當下他就知道自己上當了，於是表現得非常馴服。夾坐在他兩邊的特務的戒備也漸漸鬆弛下來。當車子經過公園路的台大學生宿舍時，學過柔道的周慎源就趁機掙脫，奮身跳下行進中的三輪車，向宿舍奔逃，同時一路高喊「特務抓人」。那兩名特務沒有提防到周慎源會突然跳車，連忙追趕，並且開槍示警。但是，許多學生已聞聲趕來了。他們不敢貿然衝進學生宿舍，只好「夾著尾巴」離去。

師院的學生聽到這個消息後群情激憤。當天晚上，師院和台大的學生自治會幹部，就在師院的男生大飯廳召開緊急會議。周慎源在會上報告了他被誘捕和脫險的經過，學生們聽了後，情緒激動得幾乎不能控制，當場決定：周慎源立即躲避起來；兩校分別部署應變措施，並連夜趕寫傳單標語，明天一早上街頭示威遊行。

就在這時候，師範學院代理院長謝東閔接到警備總司令陳誠發出的特字第貳號代電，指名要逮捕周慎源、鄭鴻溪、朱商彝等六名學生；電文指控他們六人：「首謀張貼標語散發傳單煽惑人心擾亂秩序妨害治安甚至搗毀公署私

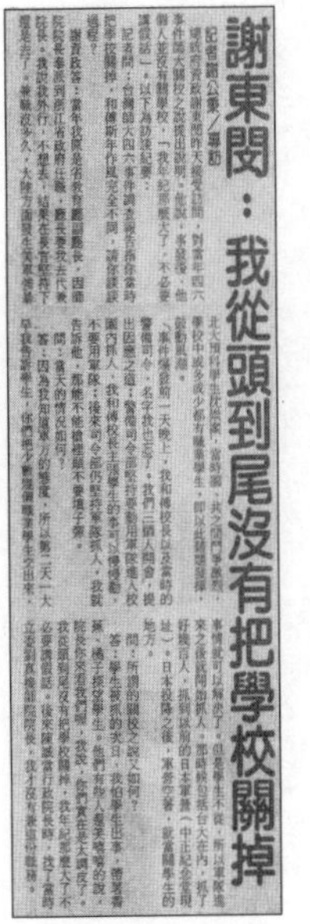
謝東閔：我從頭到尾沒有把學校關掉

謝東閔晚年的辯詞。

擅拘禁執行公務之人員肆行不法殊屬居心叵測」。電文接著又說：「該生等本（五）日晚復又糾眾集議希圖實施擴大擾亂」，警備總司令部基於「維護社會安全保障多數純潔青年學生之學業起見應即予以拘逮」。最後，電文命令謝東閔立即將這六名學生「按名指交到案以肅法紀至於其他學生希善為撫慰安心照常上課幸勿盲從附和致干法究」。

從電文的內容看來，這份代電應是偵悉學生們將於第二天早上發動示威遊行而緊急發出的。謝東閔接到電令後絲毫不敢怠慢，立刻趕到師院男生大餐廳，疏導那些準備明天示威遊行，正在寫標語的學生，勸他們「冷靜」，不要罷課遊行。

李松盛：我當時是史地科學生，由周慎源推舉，以客籍代表的身分擔任自治會理事兼風紀部副部長，負責糾察工作。謝東閔的勸阻不但不能讓同學們「冷靜」下來，反而遭到大家的批判。以鄭鴻溪為首的同學們強烈質問謝東閔，對周慎源被祕密誘捕的事情作何感想？謝東閔被批得受不了，最後只說了一句：「我謝東閔今天還不如一條狗！」然後就和陪同的訓導人員離開了。不久，我就警覺到窗外已有密探在監視了。後來，警備總司令部遞進來一份以周慎源為首的黑名單，要我們把人交出來就平安無事。大家商量以後，決定抗爭到底，以便爭取時間，讓被點名的同學脫逃。所有住校的男生於是集中到宿舍北棟的樓上，同時把餐廳的所有碗筷搬去，準備必要時當石頭來丟，然後再用桌椅堵住樓梯口。

到了半夜，也就是四月六日凌晨，我們糾察隊敲響了示警的鑼聲。警備部隊、憲兵及警察已把宿舍團團包圍。起初，雙方只是在樓上、樓下對峙，互相喊話。我們不斷喊話：中國人不打中國人；同志們辛苦了，回家吧；保障人權，反對特務抓人。我們還一直唱著〈團結就是力量〉的歌。憲警也向我們學生喊話，說只要把周慎源等人交出來就沒事了。黎明前，他們開始搬動堵在樓梯口的桌椅，以十餘人為先鋒，硬衝上來。我們學生為了自保，也就拿起碗筷、椅子砸下去。到後來，連墨水瓶都派上用場了。最後，還是被憲警衝上樓。他們見了人就打，然後把我們學生一個個綁起來，串成一列，押到等在路邊的軍卡車上，每裝滿一車就開往陸軍第三部隊營房（今中正紀念堂）。

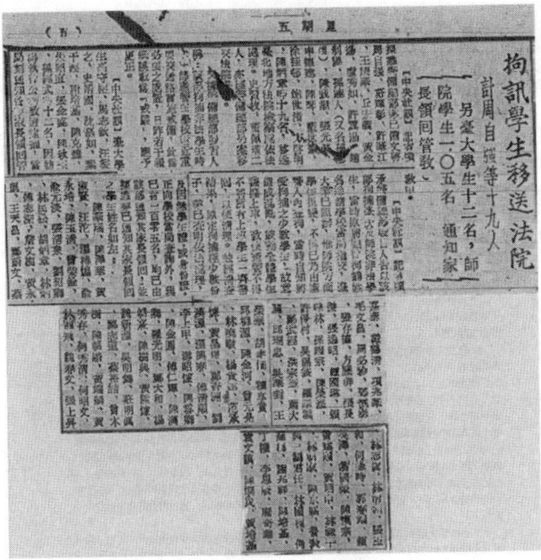
星期五 （五）

拘訊學生移送法院

計周自強等十九人

另臺大學生十二名，師院學生一〇五名 通知家長領回管教

據官方後來發布的消息，四六當天一共有一百多名以台大與師院為主的學生被捕入獄。

三、風暴前夕的台北學運

敘事者：據官方後來發布的消息，當天，住在新生南路台大男生宿舍的學生也同時遭到集體逮捕。一共有一百多名以台大與師院為主的學生被捕入獄。此一事件，史稱「四六事件」或「四六慘案」。

歷史事件總有一個引爆的導火線。

就光復初期的台灣而言，最典型的史例莫過於延平路上查緝私煙的衝突而引爆的「二二八事件」了。當然，衝突之所以能夠迅速擴大燎原，一定是社會本身長期積累了複雜而不可調和的矛盾，再加上當時的歷史條件提供了足夠的物質基礎。因此，我們顯然有必要先了解：「四六」之前，台灣所面對的中國國內的政治形勢究竟如何？

歷史的事實是這樣的：

一九四六年七月，國共全面內戰爆發。到了一九四八年十二月底，內戰進行了兩年六個月之後，整個進程出現了非常戲劇性的轉變，歷經遼瀋與淮海兩大戰役之後，國共兩軍在戰略態勢上恰恰是朝著完全相反的方向發展：國軍已從一開始的全面進攻轉為全面退卻，共產黨的解放軍則從全面防禦的劣勢轉為全面進攻的優勢。

一九四九年元旦，新華社在新年獻詞〈將革命進行到底〉中宣稱：「一九四九年中國人民解放軍將向長江以南進軍」。這年年初，緊接著北平、天津相繼「解放」之後，戰爭已在長江沿岸進行，砲火震撼著國民政府的首都南京。

元月八日，當時的美國駐華大使司徒雷登，在致其國務卿的報告中就這樣寫道：「據說，蔣正在集結所有的軍隊，企圖在京滬地區全面抵抗。」但是，一月廿一日，蔣介石卻在國民黨華中剿匪總司令白崇禧、長沙綏靖主任程潛及河南省主席張軫等人的相繼逼退下，不得不宣布下野。李宗仁代理總統之職。

蔣介石雖然引退，不做總統，卻仍掛著國民黨總裁的招牌，以黨領政。在此之前，他似乎也已預見國民黨在大陸的潰敗局勢已經不可挽救，於是把目光轉移到海峽對岸的台灣。首先，在一九四八年十二月廿九日任命陳誠為台灣省政府主席。第二天，國民黨中常會又任命蔣經國為台灣省黨部主任委員。

事實上，司徒雷登在致其國務卿的報告中就已指出：蔣「企圖在京滬地區全面抵抗」的同時已「將大批金銀財寶運往台灣，計畫以台灣作為繼續反共的堡壘。空軍總部、海軍和工業機械也移往台灣，並指定陳誠為省長，其子蔣經國為台灣國民黨部主席，其意圖是顯而易見的」。他認為，「在目前的計畫中，他（蔣介石）是以台灣為落腳點，作為他繼續抵抗的前沿陣地。」

的確，不管司徒的報告在細節上是否完全確實，隨著國內政治形勢的演變，台灣被捲入國共兩黨內戰的漩渦當中，已經是不可避免的了。作為國民黨最後的退路，國民黨當局必然要加強對台灣的控制，尤其是對各種潛在的反對力量與學生的控制。

因此，一九四九年一月廿六日，台灣省警備總司令部正式成立；二月一日，陳誠、彭孟緝正式就任正、副總司令。陳誠同時兼任台灣軍管區司令。二月中旬，為了確保台灣不被共產黨人滲透，台灣省警備總司令部公布了「軍公教人員及旅客入境暫行辦法」；經陳誠決定後，於三月一日起實施。

另一方面，從一九四九年一月廿一日起代行總統職權的副總統李宗仁，第二天便宣布：國民政府準備以毛澤東提議的和談八條件為基礎與共產黨交涉和談事宜。三月廿三日，何應欽內閣登場；一面備戰，一面和談。

據一九四九年三月廿二日台北《公論報》報導與前述倖存者證言，就在這個時候，台北的大學生卻因為警察處理一起交通事件的不當，發動了一波波的抗議示威。

三月二十日下午九點多，台大和師院的兩名學生共乘一輛腳踏車，經過大安橋附近時，被中正路派出所的一名警員取締，因而發生衝突。兩名學生被打了好幾下，並受拘押，事態即由此展開。到了十點多，先得到這個消息的師院學生，便集合兩三百名，趕赴肇事警察所屬的台北市第四警察分局交涉，沿途唱歌，經過新生南路台大男生宿舍（當時的大同中學，曾一度改為市女中、金華女中，現在是金華國中。）時，台大學生聽到歌聲，也集合參加，出動了四五百名。

到了第四分局，兩校學生便要求警方解釋：為什麼警察可以隨便打人？是誰給他這種權力？由於分局的警員宣稱分局長不在，無權處置。抗議的學生便表示願意耐心等他前來解釋。等了好久，終於來了一輛汽車，走出一個自稱「分局長」的警官。但是，學生從警車司機探悉他並不是什麼「分局長」而是「督察長」，從而被警方的欺騙行為惹火了，於是將他請到附近的台大男生宿舍，加入學生的營火會，欣賞學生表演的革命歌舞，一起恭候正牌的「分局長」大駕光臨。可是「分局長」始終沒有出面，「督察長」只得與學生共宿一晚。

第二天早上，台大、師院兩校學生一致

中華民國三十八年三月二十二日

處理違警事件起因

警員學生發生糾紛

臺大、師院學生一度列隊向警局請願，已有結果。

一九四九年三月廿二日台北《公論報》。

學生警察糾紛 業已圓滿解決

【臺灣社訊】師（二十日）晚九時一刻，有師院學生何景岳，及臺大學生李元勳，共乘自行車一輛，經中山路派出所警員謝延長，認為違背警章，當往取締，致發生衝突，至十時許遂將何李二人轉送四分局辦理，約十一時十分，有師院學生二百餘人，包圍四分局提出三項條件：（一）嚴懲肇事人，（二）同學如有傷害，賠償醫藥費，（三）警局長登報道歉。經林分局長應允後，學生於十二時十分，全部回校，約半小時，復有師院及臺大學生三百餘人，再圍四分局，并要求總局劉局長親自到場簽字，以昭鄭重，劉局長派該督察長前往，是時該生等以劉局長未到場，遂勉強將林二人離開分局，二十一日晨九時，師院及臺大學生數百人，結隊至警察總局，要求除前三條件外，加提附條件：一、請總局長公開向受害學生道歉，二、登報保證以後不發生同樣事件，五項均經劉局長應允，遂分別返校照常上課。

學生抗議得到圓滿解決的新聞報導。

決議罷課。兩千多人從台大校本部出發，由女生領先，走上街頭示威，一路高呼「反對法西斯迫害」、「我們要民主」、「反對內戰，我們要和平」等口號，同時大聲合唱〈團結就是力量〉。遊行隊伍經和平東路、南昌街，浩浩蕩蕩走到中山堂隔壁的台北市警察總局。然後，兩校學生共十八人組成的主席團上樓與總局長劉監烈交涉。剛繼鄭鴻溪之後擔任師院學生自治會主席的周慎源，當然也是主席團成員之一。學生代表提出嚴懲肇事人員，賠償受傷同學醫藥費，總局長登報公開向被害同學道歉並保證以後不發生類似事情等要求。劉監烈局長在學生壓力下當場在書面要求上簽了字，然後又下樓向廣場的學生表示道歉，說肇事警員已經看管起來，登報道歉完全照辦。

廣場周圍無數圍觀的市民無不「拍手稱快」。學生得到圓滿答覆於是整隊回校。

一般認為，這起因為單車雙載而引起的學生與警察的衝突，就是一九四九年所謂「四六事件」的導火線。

關於台灣戰後史的主流論述向來都說，「二二八事件」後，台灣人民從此不敢過問政治。其實，這是不符合歷史事實的說法。

在戒嚴時期的台灣，民眾的歷史，一直是不可言說的禁忌。人們因此無法穿透歷史迷霧去認識過去發生的事情；歷史的論述於是也只能任憑各式各樣的學者專家們，站在各自的立場自由評說了。主觀的立場是一定存在的，但是，它之所以成立的前提是不能虛構客觀的歷史事實。

事實上，因為學運一直是當局極力鎮壓的潛在威脅；人們今天的確也很難想像，經歷過一場「二二八事件」的鎮壓之後，台灣學生不但還敢於抗爭，而且還有那麼大的組織力量。

為了能夠比較準確掌握周慎源悲劇命運的背景，我們有必要對造成他走向悲劇之途的所謂「四六事件」，做更深入的調查與研究。畢竟，光是一場單車雙載的衝突所引發的學生示威遊行，就像一般論者所說的，只是事件的導火線而已，並不足以說明事件產生的背景。為

光復初期學運領袖郭琇琮（1918-1950）。

此，我們有必要重新了解「二二八」前後台灣學運的發展過程。通過這樣的理解，我們也許能夠找到引爆所謂「四六事件」的「火種」吧。

多年以來，我在台灣各地尋訪當年的歷史與人物時，經常會聽到人們提起光復初期的台北學運，以及學運四巨頭的名字：郭琇琮、吳克泰、陳炳基和葉紀東。其中，郭琇琮已於五〇年代白色恐怖時期被槍決，其他三人則於「二二八事件」後流亡大陸。為了了解當年學運的具體情況，一九九〇年春天，我專程遠赴北京，採集三位前輩第一手的歷史證言。在沒有相關的文字史料的情況下，他們三位的證言恰好是我們了解光復初期台北學運發展過程的主要根據。

陳炳基：一九四五年十月初，日據末期因為反日而繫獄的我們，以原帝大醫學生郭琇琮為核心組成了「台灣學生聯盟」，以「脫離日治、迎接祖國」為宣傳主題。一九四六年七月十九日，日本東京澀谷附近發生一起日本警察毆打台籍華僑的「澀谷事件」。兩個台灣人被打死。日本當局在美國占領軍包庇下卻宣判打人者「無罪」。台灣學生大為不滿。十二月，就讀台灣省立法商學院的我於是大力動員台北市的中上以上學生，舉行了有史以來台灣學生的第一場反美遊行示威。

吳克泰：緊接著，北平發生美軍強暴北京大學女生沈崇的事件。一時之間，全國各地的學生展開了抗議美軍暴行的大規模示威。一九四七年一月九日，台大和師院等院校學生在新公園（今二二八和平公園）召開了一場全市一萬多大中學生參加的集會遊行，高喊「美軍滾出去！反內戰、要和平！」等口號。這場「一九反美抗暴運動」可以說是戰後台灣學運的第一波高潮。通過這場運動，原先因為「語言隔閡」而互相陌生的外省學生與本地學生，從此結合起來了，台灣人民的愛國運動至此與大陸人民的反美反蔣反內戰運動完全匯合在一起了。

一九四七年「一九反美抗暴運動」的台北學生。

葉紀東：然而，一個多月後，光復以來台灣社會所積累的各種矛盾，就因為二月廿七日晚上台北延平路查緝私煙的官民糾紛，引爆為全省性的「二二八事件」。事件中，通過「一九運動」鍛鍊的許多積極學生紛紛投入各地抗爭前列。事件後，許多學運積極分子被迫流亡。台灣學運在當局的高壓政策下一度處於低潮。

敘事者：到了八月，台灣升學內地大學公費生利用暑假，組織了演講團到台灣各地向青年學生和民眾介紹大陸國共內戰的形勢，以及風起雲湧的「反飢餓、反迫害、反內戰」的學生運動，不但為思想處於低迷狀態的台灣知青指出一條光明的前進之路，讓他們不因二二八而對祖國完全絕望，並且打破他們二二八後內心的恐怖陰影，敢於起來抗爭。

野火燒不盡，春風吹又生。只要社會矛盾存在，人們就會有不滿。因此，不管壓迫有多大，終究還是會起來抗爭。事實是，一度沉潛下來的大學校園，在新的學期之後又逐漸活絡起來，一些大陸來的學生，也把大陸國統區的學運介紹進來了。

方生：我是福建人，本名陳實，一九四六年到台灣，就讀台大農經系。我參加了一九四七年台北學生抗議美軍強暴北大女生沈崇而發動的「一 九反美抗暴運動」。受到大陸的內戰和學生運動的推動和鼓舞下，二二八後，台灣的學運又逐漸活絡起來了。就在這個基礎上，從內地來的外省同學開始與本地學生搞在一起，通過讀書會、辦壁報及社團活動，開展校園裡進步的學生運動。後來，我又擔任「國立台灣大學各學院學生

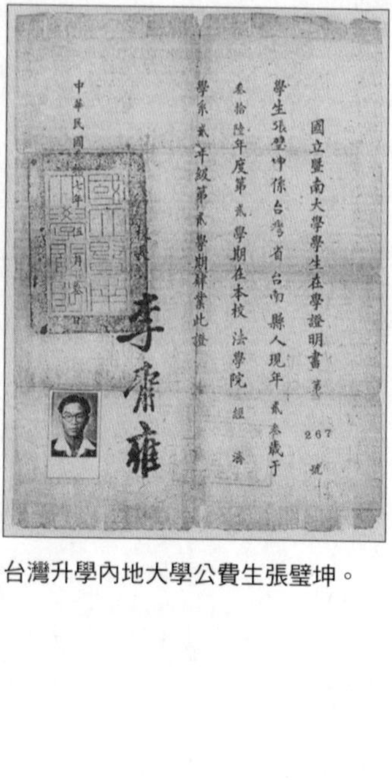
國立暨南大學學生在學證明書 第 267 號
學生張璧坤係台灣省台南縣人現年貳叁歲于叁拾陸年度第貳學期在本校法學院經濟學系貳年級第貳學期肄業此證
中華民國三十七年五月 日
李壽雍

台灣升學內地大學公費生張璧坤。

自治會聯合會」（簡稱台大自聯會）主席兼農學院學生自治會主席，並且因此而名列「四六」黑名單。

鄭鴻溪：學生對政府當局不滿的情緒隨著局勢的惡化而滋長，首當其衝的就是民生問題。一九四八年春季，師範學院因此掀起了一場要求提高公費待遇的「反飢餓」運動。當時物價天天漲，貨幣急遽貶值，師院學生本來微薄的公費代金禁不起這種打擊，弄得學生連肚子都吃不飽，怨聲載道。學生乃起而鬥爭，舉行罷課請願，同省當局談判，迫使教育廳提高了公費待遇，為自己爭得了生活的改善。

方生：一九四九年二月十七日，台大自費生也發表宣言，要求配米、貸金及比照立委之例開放省外匯兌，以解決飢餓問題。台大自聯會還通過麥浪歌詠隊的歌舞演出，募集用於救濟台大師生的福利基金。

麥浪歌詠隊成立於一九四八年，是當時台大比較活躍的社團。他們通過民歌、民舞的表演活動，起了介紹祖國，增強向心力，消除民間的省籍隔閡，促進團結的積極作用。

一九四九年一月，麥浪歌詠隊利用寒假作環島旅行公演。在台中市受到當地文化界人士的熱情歡迎。已故抗日作家楊逵在歡迎會上朗誦了一首即興詩，最後兩句是：「麥浪、麥浪、麥成浪，救苦、救難、救饑荒。」從詩句內容來看，它實際上凝聚著老一輩的作家，在經歷了一場「二二八」的民族悲劇後對青年一代的期望。只是，這個期望卻在不久後的「四六事件」那天，隨著楊逵與無數青年學生的被捕繫獄而破滅了。

張以淮：除了麥浪，台大的學生社團還包括以外省同學為主的方向社、耕耘社、蜜蜂文藝社、台大話劇社等等，這些社團的學生有一大部分在後來都遭到政治的迫害。本省同學則有一個專門唱聖歌的 Glee Club。

鄭鴻溪：相對於台大，師院的學生社團則以本省籍學生為主。反飢餓鬥爭的勝利，一掃校園的沉悶，民主空氣頓形活躍。各系級社團紛起，同學們通過壁報針砭時政，為要求生存而吶喊，大辦歌詠隊、演劇社，諷刺腐朽、沒落的現實，讚美對光明的追求。

一九四九年寒假麥浪歌詠隊到台中的旅行公演。

台大自聯會通過麥浪歌詠隊的歌舞演出募集救濟師生的福利基金。

洪敏麟：我當時是師院史地系學生。據我了解，師院的劇團包括戲劇之友社、人間劇社和台語戲劇社。歌詠隊是大家唱合唱團，經常聚在一起唱革命歌曲。每天晚上，我在宿舍裡都聽到隔一條馬路的音樂教室傳過來的歌聲——團結團結就是力量、起來！不願做奴隸的人們（當時還不是中共的國歌），以及安息吧！死難的同學，別再為我們擔憂……等。我雖然沒有參加，可是聽到後來，也自然會唱了。

鄭鴻溪：一九四八年秋天，新學期開始時，通過經濟上的「反飢餓」鬥爭與社團的學習活動，而在認識上、組織上凝聚起來的師院學生，於是發起了一場學生自治運動，衝破當局規定的「訓育制度」，不承認「官辦」學生會，自己起來實行普選，組織學生自治會，把命運掌握在自己手裡。

曾文華：我當時就讀英文系。這場普選運動基本上是以鄭鴻溪、陳金木（英文系）和周慎源（數學系）為首發起的。因為學生的力量大，校方也不敢怎麼干預，結果，鄭鴻溪當選第一任的主席。

敘事者：當歷史的進程走到這裡時，我們

陳金木。

可以這麼說，周慎源也逐漸登上台灣學運的舞台了。與此同時，通過學生自治會的組織，師院與台大兩校學生之間的聯繫，後來就更加緊密而團結。正是在這樣的基礎上，兩校學生才有可能在一九四九年三月的「單車雙載事件」中展現那麼大的力量。

恰恰就在這個台灣學運高漲期，周慎源剛才通過改選，擔任師院學生自治會的第二屆主席。歷史決定了他注定要成為台灣這一波學潮的浪頭人物，而這又決定了他那無可逃避的悲劇宿命。

三月廿九日，「單車雙載事件」引起的學生抗議風潮過後一個星期，以台大和師院為主的台北市中等以上學校的學生自治會，在台大法學院操場舉行一場慶祝青年節的營火晚會。台北市各中等以上學校的學生都熱烈參加。台中農學院和台南工學院的代表也遠來赴會。大會宣布要在各校學生自治會的基礎上成立台北市學生聯合會，以爭取生存權利，反對飢餓和迫害，要求民主自由等口號，號召全省學生的聯結。

當天的營火晚會活動並沒有上報。我們無法根據報紙的報導來了解晚會的盛況。因此，我們還是得通過歷史見證人的口述重新回到歷史現場。

胡世璘：我是台大數學系學生，也是麥浪成員。晚會以台大麥浪歌詠隊的歌舞表演為主，除了各種民歌之外，還演唱了〈你是燈塔〉、〈你是舵手〉及〈王大娘補缸〉等大陸學生搞學運時常唱的歌曲。那天晚上真是太激烈了。我們在台上唱〈王大娘補缸〉的時候，全場連秧歌都扭起來了。你想想，當天的晚會簡直成了公開的解放區了。

敘事者：在兩岸長期隔海對峙的冷戰年代出世、成長的我們，光是憑空想像，無論如何也無法進入那一片內戰烽火的歷史情境。我們還是只能通過手邊能夠找到的瑣碎史料與互有這樣那樣出入的遺老證言所構築的「時光隧道」，重回那充滿迷霧的歷史現場，然後才能尋得關於周慎源悲劇生命的歷史根源吧。

一九四九年三月。

在內戰中節節敗退的國民黨大勢已去，黨政要員一批又一批地從大陸撤到台灣。為了防止共產黨對這塊淨土的滲透，據傳，各系統的特工也利用這個機會，換成平民身分，打入台灣。

與此同時，台灣學生運動正一波又一波朝向組織化的縱深發展。據一九五二年《中央日報》連載，一九五三年收錄於「自由中國」出版，張大山編《另一個戰場的勝利》的〈鄭畏三懺悔錄〉透露，事實上，當「單車雙載事件」引起警方與學生的衝突風波之後，「敏感的記者已競相預測學潮勢將有擴大可能，並預示這是本省自三十六年冬學生反美大遊行示威運動以來的另一次大規模風潮到來的徵兆。」一九八六年五月商務印書館出版的裴可權《台共叛亂及覆亡經過紀實》則載稱，當時的治安情報機關認為：「台灣社會運動的過程之中，類似『學潮』的發生，尚以這次為濫觴，以毫無社會運動基礎的學生，絕不可能發生如此有條不紊地大規模的學潮，而且從這製造學潮的方式來看，它的發展演變過程，完全與大陸上中共的手法相同。」

當台灣學運被這樣定性之後，它的被鎮壓也只是遲早之事了。

風暴是從海峽彼岸的大陸吹過來的。

四月一日，南京派出張治中為首的和平代表團北上議和，希望隔

一九五三年收錄於《另一個戰場的勝利》的〈鄭畏三懺悔錄〉首頁。

江而治。也就在這樣和戰不定的政治悶局下，南京各大專院校的近萬名學生，為了貫徹真正的和平，於是在代表團搭機啟程之時，齊集在總統府門前，舉行一場堅決反對內戰的集會和示威遊行。然而，當和談代表們的座機剛剛降落北平機場時，南京的空氣中卻已經瀰漫起沖天的血腥氣味。學生隊伍遊行經過的柏油路面上，到處是遺落的鞋子，以及濕漉漉的猩紅鮮血。鮮血從上午十時緩緩地流向下午五時，然後從南京流向全國。

這時候，三月十六日應代理總統李宗仁電召，到南京述職的台灣省主席兼警備總司令陳誠返台。當他聽完下屬報告處理台北學運的經過後，當場大發雷霆。面對大陸的頽勢，銜命整肅後方台灣的他，於是下令清查「主謀分子」，準備抓人。一時之間，台北的大學區便籠罩在白色恐怖的風暴即將吹來的威脅之下，風聲鶴唳，學生人人自危。

四月五日傍晚，南京的血腥氣終於跨越海峽，飄到台北。陳誠指令的逮捕行動展開，頭一個被捕的對象便是師範學院學生自治會主席周慎源。

歷史正一步一步逼使周慎源走向他被時代決定的悲劇命運。這篇報導的情節發展，也隨著陳誠的逮捕行動，終於進入以「尋找周慎源」為主題的敘述。

四、尋找周慎源

梅喜：四月六日。吃過早餐，我先生就像往常一般，出門上班。我剛剛收好碗筷，拿到廚房的水槽正要清洗時，聽到他又從外頭急急忙忙跑回家來的腳步聲。他手裡拿著一份報紙，神色慌張，一進門就向我說糟了，阿源仔出事了，報紙說警備總司令陳誠要抓他……。彰化高女出身的我看他驚恐得說不出話來，就放下手邊的碗筷，把他手上的報紙抓過來，自己閱讀。那是一份當天的《新生報》，我一眼就看到幾行醒目的標題：

警備總部
電令台大師院兩校
拘訊不法學生十餘人

我接著細讀這則新聞的內容：

〔中央社訊〕警備總部，近據確報有台大及師院學生十餘人，首謀張貼標語，散發傳單，煽惑人心，擾亂秩序，妨害治安，甚至搗毀公署，私擅拘禁執行公務人員，居心叵測，實甚明顯，而該生等昨晚復又糾眾集議，希圖擴大擾亂，頃聞該部為維護社會安全，保障大多數純潔青年學生學業起見，已電令兩校當局迅將該生等拘案依法偵訊，以便其餘學生仍可照常安心上課，茲將各該學生名單探錄如下……

我看到小叔周慎源的名字不但名列其中，而且還排在師院部分的頭一名。怎麼會這樣呢？我憂心忡忡地問他。他說他也不知道。

周慎平：儘管弟弟昨晚沒回來吃飯，我也沒想到會出這麼大的問題。我是個老實本分的公務員，個性土直、沉默。相對地，在我看來，弟弟周慎源就與我完全不同。他個性活潑、熱情又聰明，從小就很會講話，經常代表學校參加演講比賽，而且都是拿第一回來。我還記得，小時候，因為弟弟長得也蠻英俊的，鄰居的父老們平常都暱稱他「貓仔

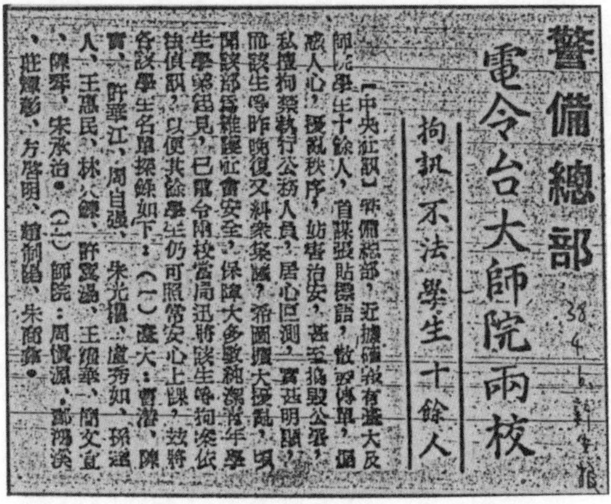

警備總部

電令台大師院兩校

拘執不法學生十餘人

38.4.6 新生報

【中央社訊】警備總部，近據確報有台大及師院學生十餘人，首謀張貼標語，散發傳單，煽惑人心，擾亂秩序，妨害治安，甚至搗毀公署，私擅拘禁執行公務人員，居心叵測，實甚明顯，而該生等昨晚復又糾眾集議，希圖擴大擾亂，頃聞該部為維護社會安全，保障大多數純潔青年學生學業起見，已電令兩校當局迅將該生等拘案依法偵訊，以便其餘學生仍可照常安心上課，茲將各該學生名單探錄如下：(一)台大：曹潛、陳實、許華江、周自強、朱光權、盧秀如、孫達人、王惠民、林火鍊、許冀湯、王繼華、簡文宣、陳琴、宋承治。(二)師院：周慎源、鄭鴻溪、莊輝彰、方啓明、趙制陽、朱商彝。

四月六日報紙刊出台灣省警備總司令陳誠以師範學院學生自治會主席周慎源為首的通緝令。

源」。再加上，父親在我們兄弟小時候就過世了，我和大哥一直都很疼愛這個最小的弟弟，很少會對他念東念西。因為這樣，我從來不過問他在學校的活動。我只知道他很活躍，很忙，忙到連我結婚時，也抽不出空回南部家裡，參加我的婚禮。這點，我從來也不怪他。正因為這樣，當我從報上看到弟弟被警總通緝的新聞時，我才驚覺到自己對弟弟的思想、活動竟是完全陌生的。我想要知道弟弟的安危，可是我卻發現我不知道要找誰打聽？我只好到學校宿舍找找看。也許弟弟還待在宿舍。我想。我於是抱著這樣的希望，走向師院學生宿舍。

當我走到宿舍附近時，看到許多憲、警在路上戒備，不讓人進入宿舍。我向附近的店家打聽，這才知道，昨天半夜發生的事。我聽人家說，學生已經一車一車被抓到上海路的陸軍營房關了。我於是又趕到上海路，站在營房外頭觀望。但是，因為被抓的學生實在太多了，我看了老半天，也沒看到弟弟周慎源是不是在裡頭。我不放心，於是又折回古亭公園附近的師院院長官舍，直接去找代理院長謝東閔。我以為院長總該知道學生的下落吧。我按了門鈴，但是一直沒人出來應門，到後來，院長夫人終於出來了。我向她表明來意，希望院長能夠告訴我弟弟周慎源為什麼會被通緝？現在抓到哪裡？可是院長夫人只是一味敷衍，然後就把我打發走了。

隔天，也就是四月七日，我一早就去買了各大報來看。但是，這天的報紙只有「省府電令師院即日停課聽候整頓」的消息，既沒有關於逮捕學生的現場報導，也沒有公布被捕學生的名單。

四月八日，我看到各報又刊載了同樣來自中央社的電訊。這則電訊宣稱：被捕學生中的一百一十七人（師院一百零五名，台大十二名），已通知家長領回管教；名列「黑名單」的十九人則移送台北地方法院檢察處依法處理。它同時也公布了這一百三十六名涉案學生的姓名，但其中獨獨不見名列師院「黑名單」之首的弟弟周慎源。

阿源仔失蹤了。

大約三、四個禮拜後。有一晚，我家突然響起了敲門聲。我打開門，看到一個不認識的中老年人。你是不是周慎源的哥哥？那人直接問我。是啊！我說，你是什麼人？怎麼認識周慎源？我是師範學院餐廳煮菜的。那人說，我弟弟現在在師範學院的一個教授家裡，他要我現在去跟他見面。我聽到弟弟的消息很高興，立刻和梅喜跟隨那人去教授家。當我們走到現在古亭市場附近一棟日本式的平房門前時，那名自稱是餐廳廚師的人跟我們夫婦說就是這裡，然後就離開了。我們望著那人離去的背影，有點半信半疑地在那裡站了一段時間。門沒關。有一些青年學生出出入入。梅喜就走進去。我於是也跟著走進去。進去以後，我就問一個年輕人，是不是有一個教授住這裡？人家反問說我是誰？我就說我是周慎源的哥哥。大概是我們兄弟倆長得還蠻像的吧！那名年輕人也沒多問什麼，就把我們夫婦帶到更裡頭的一個房間。一進去，我就看到阿源仔好端端地坐在一把椅子上。看那樣子就是在等我們。

見了面，阿源仔就先問我，南部母親知不知道他出事的消息？我告訴弟弟，大哥已經從報上知道了，但是，我們沒敢讓母親知道。這樣好。阿源仔說，以後，不管他的下場如何，能夠不讓母親知道的話，就儘量不要讓她知道。當時，我並沒有聽出阿源仔話中的意思。後來，回想起來，我才知道，其實，阿源仔當時對自己的未來已經有所覺悟了吧。

阿源仔又告訴我們夫婦倆，四月六日的大逮捕，他是如何脫逃的。阿源仔說，那天半夜，憲、警包圍宿舍時，他人還在宿舍裡頭。儘管警總點名要抓他和其他幾個自治會的幹部，同學們就是不把他們交出去。後來，當那些憲、警衝進宿舍時，他就在其他同學的掩護下，躲到餐廳的天花板與屋頂之間的夾層中。因此，儘管那些憲、警在大逮捕後幾乎搜遍了整棟宿舍，還是沒能抓到他。他又向我們說，因為警戒的憲警一直沒有撤離宿舍，他也一直不敢現身。雖然沒有飲水，沒東西吃，他還得堅持下去。就這樣，一天、兩天過去了。身體健壯的他也已經撐不下去了。他眼看著只好出來投降時，那名帶我們來見弟弟的餐廳的老廚師卻出現了。老廚師無意中發現天花板上躲藏了一個人，先是嚇了一跳，後來就認出那人正是警總點名要抓的自治會主席周慎源。他不但沒去密報，還偷偷地到廚房拿一些東西，給餓得已經沒有半點氣力的阿源仔吃。阿源仔一派輕鬆調皮地說，後來，他就在老廚師的掩護下，拿下眼鏡，頭髮弄亂，打扮成廚房工人的樣子，大大方方地跟著老廚師，走出還在警戒中的宿舍大門。

我靜靜地聽完阿源仔脫險的經過以後，看著他那略嫌瘦削的面容，然後關切地問他現在打算怎麼辦？他說現在也只能躲起來了。我又憂心地問他要躲在那裡呢？他並沒有直接回答我的問題。他只是告訴我，希望我幫他準備一枝鋼筆、墨水和一些生活用品，送到中和圓通寺山下一個朋友的家裡。因為他不願意多說什麼，我和梅喜也就不再多問什麼。只要他能平安就好。我們都在心裡這樣想。

這次會面以後，我們就按照阿源仔的要求，把他所需的文具和生活用品，送到中和朋友家。後來，每隔一個禮拜，情治單位的特務就會去我家搜查一次。我們怕不小心洩漏弟弟的行蹤，因此有好長一段時間，不但沒再見過周慎源，也不敢主動跟他聯繫。到了冬天，有一天，阿源仔嘉中時候的同學黃嘉烈突然來找我。他說他要去找阿源仔，問我有沒有什麼話要交代的。在我的印象中，黃嘉烈好像是朴子人，以前常常跟阿源仔到我住的宿舍討論事情。有時候，他們聊太晚了，就留下來過夜。但是，自從阿源仔被通緝以後，我就沒再見過他。我知道他和阿源仔一樣，是個熱血的知識青年。因此，他雖然沒說，我也猜想得到，他一定也是不能不逃亡了吧。我於是要他跟阿源仔講，說我只希望他們好好保重，不久以後可以平安出來。

黃嘉烈臨走時，梅喜從房間走出來，把手裡拿的一件摺疊整齊的毛衣交給他，拜託他說山裡頭冷，就麻煩他給阿源仔。

後來，我們夫婦就沒再見過黃嘉烈。我們也不知道他是否有找到逃亡中的阿源仔。因為就在那次會面的一兩年後，我從南部兄嫂那裡得知，黃嘉烈被槍斃了。槍決的告示就貼在嘉義火車站的告示牌上。

一直要到一九五一年的秋天，阿源仔才又主動跟我們恢復聯絡。有一天早上，中和山下的朋友突然來找我，說阿源仔拜託他通知我，要我傍晚去山下跟他會面，同時給他帶一些綜合維他命之類的藥品。傍晚，下班以後，我和梅喜就帶著阿源仔要的藥品，以及他逃亡後才出世的我們兩歲大的長子，去中和跟他會面。見了面，我就告訴他，說現在政府有什麼「自首條例」，他不妨考慮出來「自首」。他聽到我這樣勸他，也沒多說什麼，只是一邊摸著他姪兒的頭，一邊搖頭說太晚了。我又勸他，說要不就設法逃到大陸或是日本。他還是搖搖頭，說沒有辦法了。

那時候，梅喜正懷著七、八個月大的身孕。阿源仔看到她挺著的大肚子，就問說二嫂什麼時候要生？然後又說，生的時候，母親如果上來照顧的話，我們要設法把她留久一點；他會想辦法出來和母親見面。但是，這次會面以後，我們就再也沒有他的消息了。

敘事者：一九五二年六月十二日，周慎平因為不堪忍受特務三不五時的騷擾，於是就到戶政機關給弟弟周慎源辦理戶口遷出，戶籍記事欄所寫的理由是：「民國參捌年肆月　日因外出失蹤行方不明在案」。然而，情治單位的特務並沒有因此就停止到周慎平的住處搜查。

周慎平：那年冬天，情治單位的特務在一次例行的登門訪查時告訴我，說我弟弟已經在桃園鄉下被當場打死了。起初，因為那些特務對具體的情況說不出個所以，再加上一直沒有收到官方正式的死亡通知，我對這樣的說法並不全然相信。我始終安慰自己，阿源仔一定可以如同上兩次那般臨危脫險的。可是，到後來，因為那些特務沒再到家裡查問，我就不能不相信弟弟已被打死的可能了。儘管如此，只要一天沒看到弟弟的屍體，我就不放棄希望，依然日復一日四處尋找。但是，不管我再怎麼努力尋找，結果還是找不到。

一九六〇年四月五日，我抱著最後的期待，到戶籍所在地的大安區公所，提出向官方各獄政單位查詢「周慎源是否在押」的申請。大安區公所受理了我的申報，然後以「北市安戶字第二三五五號函」分別轉請職訓第一總隊、職訓第二總隊、職訓第三總隊、新竹少年監獄、屏東監獄、花蓮監獄、台南監獄、嘉義監獄、台灣軍人監獄、宜蘭監獄、台北地院看守所、基隆地院看守所、台中地院看守所等獄政單位查詢。然而，歷經數年的公文往返，區公所給我的回答卻只有四個字：「均無著落」。這時，我已經不抱存弟弟還活在人間的任何想望了。

為了日後對後代子孫有個交代，我想，人既然找不到，總要向官方討個說法吧。我於是又在一九六三年三月廿二日到大安區公所的戶政單位，給弟弟周慎源申報「死亡」登記。然而，戶政單位給我的回答卻是：根據「省府府民戶字第一〇五七七號令新頒行方不明繼續追查及處理要點第十八條」規定，周慎源還不能登記「死亡」。面對這樣的對待，個性溫和的我也能理解承辦人員照章辦事的無奈，因此並沒有對他們表現些許不滿的神色。可是我的內心卻難免憤恨地罵道：竟有這樣的政府！

最後，我只好向台北地方法院申訴。一九六九年，台北地方法院終於以「（58）亡字第11號」民事判決裁定：周慎源「因行方不明死亡」。同年四月廿五日，大安區公所也才根據這個民事判決，在阿源仔的戶籍記事欄上登記「死亡」。

對我來說，「尋找周慎源」的事情，至此也可告一段落了。

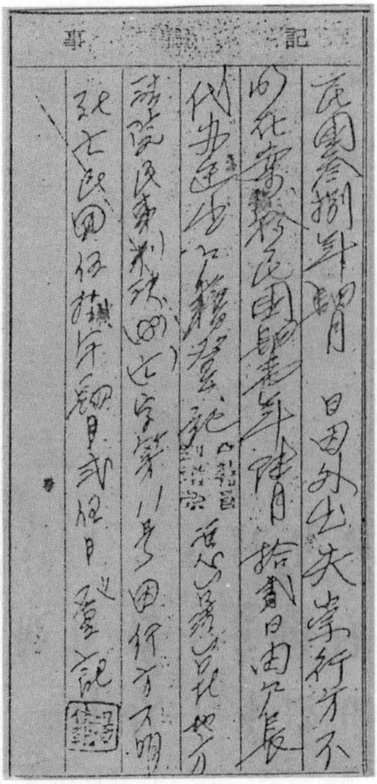

一九六九年大安區公所根據台北地方法院民事判決裁定而在周慎源的戶籍記事欄登記「死亡」。

五、再尋周慎源

敘事者：二十年後，當所有人都不再尋找周慎源之後，我卻因為尋訪犧牲於五〇年代白色恐怖時期的劇作家簡國賢，偶然聽到了周慎源的名字及其簡單事蹟，從而展開了「尋找周慎源」的歷史之旅。

我記得，那天是一九八八年十月廿六日。晚上九點多左右，我的採訪工作，從大甲循線轉移到大安溪北岸的苗栗苑裡，一個當年的革命者石聰金老先生位於荒涼的墳地旁的工寮。採訪一直進行到第二天天亮以後。一夜之間，說到痛心處，老先生號啕痛哭了幾次。其中一次，他提到了周慎源。

石聰金：一九四九年，我們在桃園大溪進去一個貧窮的山村十三份，建立了一個專門收容政治流亡者的基地。包括南崁鄉長林元枝及劇作家簡國賢在內的桃園地區的流亡者，紛紛投奔這個物質生活非常困苦的山村。師範學院學生自治會主席周慎源，也在「四六事件」後奔向十三份。我們這群流亡者，就在十三份，一面從事勞動生產，一面展開集體學習的生活。然而，這時，外頭的政治形勢卻對我們愈來愈不利。這年八月底，基隆中學的鍾浩東校長案發後，到山上來的人也愈來愈多了。

到了第二年年初，我們得到一個情報，說

二〇一六年五月十六日石聰金先生與筆者在苗栗苑裡。

是地下黨領導人蔡孝乾被捕，整個組織系統遭到破壞。我們判斷，十三份也難逃即將面臨的破壞，大家於是決議分頭逃亡。我後來就帶領簡國賢等人南下苑裡家鄉，在大安溪流域的農村、山野，繼續流亡。至於周慎源，我只知道，他跟著另一批人往桃園海邊的農村發展，後來就不曾再見過面。一直要到一、兩年後，我才聽到他在逃亡現場被擊斃的傳說。

敘事者：一九九一年十二月卅一日，坊間李敖出版社印行了兩本前保密局特務提供的國家安全局印製的機密文件《歷年辦理匪案彙編》，上、下兩輯，一共一百六十二件「叛亂案」。據該機密文件第二輯「重整後台灣省委組織老洪等叛亂案」一節所載，蔡孝乾等人被捕後，這些政治流亡者「鑑於城市與鄉村社會基礎薄弱，生存不易，使『黨』的組織陷入極度混亂地步」，客觀形勢相當不利。他們「估計必須經過長期艱苦的鬥爭階段，才能把『黨』的組織保留下來」。所以，在這段「過渡時期」，他們「採取獨立作戰，互覓聯絡，退守保幹，在鞏固中求發展，利用地方性、封建性的勢力深入隱蔽，與群眾打成一片」的工作方式，「積極向鄉村謀取發展，準備等待時機，重新活動。」一九五〇年五月，以原台南新豐農校校長陳福星（化名老洪）為中心的「全省高級匪幹」，於是聚集「商討建立臨時領導機構，開始重整組織」。

另據台灣省保安司令部（42）安度字第〇七三二號「張旺等叛亂案」判決書「事實」部分載稱：

「匪台共工委會卅九年四月受朱毛匪幫偽中央指示組織情報組，以在逃匪幹周坤（化名老洪）為書記，自首分子林希鵬（化名老李）負責羣眾工作，曾永賢、周慎源分負調查研究、宣傳教育工作」。然而，「在重整過程中，周慎源與主要負責人陳福星發生歧見，不服陳之領導，陳乃於四十年春改組領導機構，開始整風」。

涉案人犯處理情形

姓名	性別	年齡	籍貫	出身	職業	參加匪黨時間	匪黨職務	處刑情形
陳福星	男	37	台南	日本大學畢業	新豐農業學校校長	三五年秋季	省委書記	自新
曾永賢	〃	28	苗栗	日本早稻田大學畢業	新竹議會總務主任	三六年六月	省委	〃
劉興炎	〃	28	新竹	日本藥科專門學校肄業	竹東香料公司職員	三八年一月	〃	〃
林希鵬	〃	26	苗栗	省立師範學院肄業		三七年九月	〃	〃
黎明華	〃	29	廣東	高中畢業	義民中學教員	三三年多季	〃	〃
蕭道應	〃	37	屏東	台北帝國大學醫學部畢業	台大醫學院講師	三六年多季	〃	〃

判決文號及日期：前內政部調查局與前台灣省保安司令部會衔報奉國防部四十二年十二月二十八日（42）晶署字第三七二三號代電暨國家安全局四十四年六月十五日（44）金甌字第一四二〇號代電核准。

檔案文號：FA9 30

重整後台灣省委組織老洪等叛亂案。

關於周慎源與陳福星的矛盾，有幾種說法可以幫助我們理解事情的真相。

首先是「重整後台灣省委」領導幹部之一，來自廣東梅縣的原中壢義民中學教師黎明華，一九九四年十一月九日在台北接受訪談的證言。另外則是前述一九五二年《中央日報》連載的〈鄭畏三懺悔錄〉。那是一名自稱與「老周」（周慎源）同為學生自治會幹部，後來也因為國民黨全面展開的「掃紅」行動而離開台北，逃到「北部某一山脈的主峰附近」「一片荒涼的山野」附近「一片小小的草場」，「隨老周過著流浪式生活」，「自首」後化名「鄭畏三」的政治告白。

黎明華：一九五一年二月，老洪、曾永賢（苗栗銅鑼人）和我，三個人重建了領導機構，由老洪任書記，曾永賢負責組織和統戰，我則負責軍事、文教和群眾運動。我們三個人算是領導小組。在重建過程中，老洪與周慎源的衝突愈來愈嚴重。

鄭畏三：我在那草棚會見了老周和另外兩個人。一個年輕力壯的是老周的隨從名叫吳阿堂；另一個年在四十開外叫阿土仔。據說是這附近山區的農人。老周面孔黎黑，一下幾乎難於辨認，不過看來身體還壯實。老周不斷問起他出走後學校和組織的情形。老周告訴我一年多以來他是怎樣的生活和工作，以及「台省工委會」的過去和現在概略的情形。從老周的談吐間，隱露出他對重整組織的一般高級負責人的不滿情緒，彼此之間似乎存有難以協調的歧見。爭執的焦點，除了政策上的，還帶有人事的芥蒂。他表示不管「省委會」如何，自己要獨創一個局面。

黎明華：在領導小組會面時，老洪就針對他和周慎源的矛盾，作了一個報告，具體分析了一般台灣知識分子的特點和弱點。會後，我負責根據老洪的報告，執筆寫了一篇〈向偏向作鬥爭〉的文告，作為內部整風的中心材料。

鄭畏三：跟著「整風」運動展開，「省委會」發表一篇以「向偏向作鬥爭」為題的文告，攻擊老周。首先分析佔本省知識階級絕大多數的小資產階級知識分子所具有的特點，指出殖民（地）的知識分子，同樣是被壓迫的階層，自然具有革命傾向；但知識分子有其自己先天的軟弱性，本省知識分子在日本軍閥長期統治教育之下，這種軟弱性表現得尤為顯著，文告中認為：第一、他們具有弱小民族的自卑感和不切實際的優越感。其次是具有濃厚的脫離群眾的自大心理，而缺乏政治常識和缺乏政治鬥爭經驗，和具有自暴自棄的虛無主義傾向等，都是顯著的弱點。這些弱點，隨時隨地影響和左右他們的意志與行動，使他們產生偏向。其一是無組織觀念。其次是患冷熱症。再就是自高自大。此外還有學院氣味濃厚啦、感情用事啦、好高騖遠啦。

黎明華：群眾是水，組織是魚，沒有水，魚不能活命。沒有群眾，組織也不能生存。這是地下工作者的基本認識。所以，重整後真正鑽入地下的台灣省委組織的工作策略是：運用勞動方式創立基地，在勞動中求生存、求生活、求安全、求工作，在勞動中團結群眾、教育群眾、爭取群眾同情，利用山鄉行政薄弱的地區，建立據點，創立基地，努力「跳圈子」。

重整以後，周慎源仍歸老洪單線領導。可是他們兩人的分歧卻始終沒有化解，仍然不斷發生衝突。後來，北部有些據點陸續被破壞，老洪決定轉移到苗栗地區，換由原在苗栗的我北上發展。老洪把原先單線領導的同志都交由我繼續領導，但是並沒有把周慎源交給我。這樣，當老洪離開後，周慎源就變成沒有人領導，繼續在南崁一帶「單幹」了。後來，他才又找上他師院的同學林希鵬，重新與組織聯繫。因為林希鵬是由我單線領導的，所以，周慎源在名義上也是由我領導。可是，我一直到一九五一年七月十七日在龍潭被捕為止，始終沒有見過周慎源本人。

敘事者：黎明華所提到的林希鵬，在安全局機密文件的檔案資料上，大致的背景如下：苗栗人，一九四八年九月在省立師範學院肄業時參加「匪黨」組織，被指定為「師範學院匪黨支部支委」，領導兩個小組，同年十一月師範學生自治會成立，「奉匪命」參加該自治會理事會，領導策動「學潮」，至一九四九年七月因身分暴露逃亡，由張志忠（嘉義新港人，本名張梗，台灣省工委省委之一）移由陳福星領導，開展桃園至新竹鐵路以西海岸地帶工作。一九五一年七月二十五日被捕。同年十一月二十五日，聯同

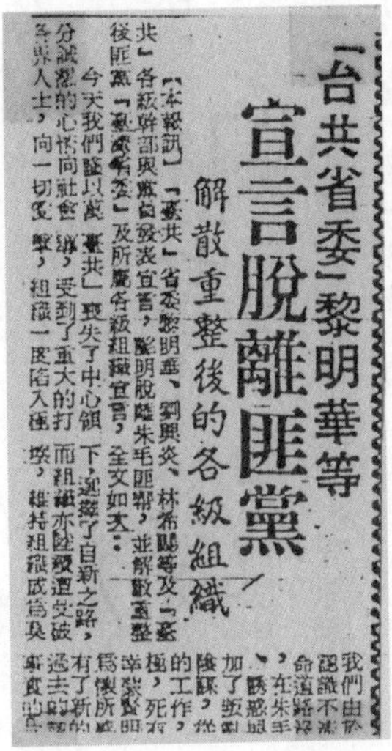
「台共省委」黎明華等

宣言脫離匪黨

解散重整後的各級組織

一九五二年七月一日《新生報》。

其他八名「自新」者，在報上發表「轉向」聲明。

從內容上看來，林希鵬應該是探尋周慎源生命腳蹤的最佳領路人才對。通過他，我們應當更能掌握周慎源從師院到流亡山區這段期間的思想與行動。但是，我要到哪裡去找與我同鄉的林希鵬呢？事隔多年，他是否還存活人間呢？我的採訪白色恐怖歷史的經驗告訴我，只要我像當年抓人的特務那樣「循線查訪」，終究還是會找到一些線索的。果然，後來我又通過黎明華先生打聽到林希鵬的下落。黎先生說，「自新」以後的林希鵬後來一直在調查局，待到前幾年才退休，人還活著。我清楚知道，因為林希鵬的身分已從當年的「革命青年」轉變為退休的「情治人員」，要他憶述當年的「革命」事蹟與「同志情誼」，恐怕是不太可能的。儘管如此，我還是試著請黎明華先生幫我聯繫看看。然而，一直到一九九七年二月三日黎明華先生病逝台北榮總，我仍然沒有機會見到林希鵬。

關於周慎源的生命史，少了林希鵬關鍵性的證言，自然就有更多「模糊地帶」無法解釋清楚了。這樣，我們只好繼續在目前所能看到的官方文書中尋找周慎源的最後腳蹤了。

我們不妨大膽地作一點推論，如果純就背景來看，我認為，前面提到的〈鄭畏三懺悔錄〉的作者「鄭畏三」，也許就是林希鵬的化名。當然，是或不是，在「尋找周慎源」

的歷史之旅中並不是絕對重要的事。重要的是，周慎源離開十三份以後的腳蹤，我們可以在〈鄭畏三懺悔錄〉中看到一些線索。

鄭畏三：我隨老周過著流浪式生活。我們不是經常都在山裡，靠近城市的小鎮，靠近小鎮的鄉村，凡是有組織關係的地方，我們就住宿下來。如果是那些不大可靠的地方，我們就露宿在郊野。長期的鄉村流浪生活，和無間晝夜處於戒慎恐懼神經緊張狀態中，精神體力都感虛耗不支。我終於決計暫時離開山地。

那是六月下旬，自入山以來已足有九個月了，當我坐在開往桃園去的公共汽車上，耳邊彷彿又聽見了那聲音：「畏三！不送你了，如果要去自首，可不要忘記你我的交情呀！」

日子慢慢過去，不覺已到十一月盡頭。內心漸漸覺得煩躁起來。自十月初就在報紙上看到了政府公布號召民眾檢舉匪諜和號召匪諜自首的辦法。我曾作過長久的考慮，把所有的問題歸納起來，作出一個結論。現在賸下第三條路，這條是自首之路。自首以後，對於老周以及整個我以前所參加的組織，就處在敵對的地位，在政治的立場上，我應責無旁貸地檢舉出來，徹底清除潛藏在山地的一切分子。但在個人的感情上，這樣對付老周總覺有點遺憾。在我採取行動之前，我想應該有個機會讓老周去考慮一下，若能說服老周一同自首，自然更好；如果他拒絕了，也盡到我做朋友的義務。

這一天，我打發弟弟回台南去。火車開行後，我獨自從（高雄）車站出來，走過老遠一段路，將近來到那著名的愛河大橋時，一輛自行車從身邊飛馳而過，把我直嚇一跳。騎車那傢伙頭也不回，一口氣騎上橋頭，突然在那裡停下來。等我慢慢踱上橋頭，不由我暗自驚叫起來，這傢伙不是別人，正是老周的那個隨從，名叫吳阿堂的。我們一齊從橋上下來，轉入沿河岸的一條路，邊走邊談。他突如其來地告訴我，說老周在半個多月前已經死去，而他也已向政府自首。這消息使我頗覺驚異。他述說了事情的經過。

吳阿堂：十月初，阿土仔那個基地被政府破獲，只有我和老周兩人僥倖脫逃。以後我們就到處流動，每晚都在郊外露宿。老周的脾氣愈來愈壞。這個月初，我們到一個姓林的小組長家裡，那天晚上，例外地住在屋內。半夜裡，我給一種聲音鬧醒，發覺老周不在室內，四面狗吠甚急，隨聽見老周在隔壁叫我，心知不妙，把手槍抓起摸索出去，老周和阿林都蹲伏在一個窗口下，我過去照樣伏下來。才知道我們已陷落在四面包圍中，我們如果要逃，這時天色黑暗，說不定可以走得脫，但老周堅持要死拼一下。死掉就算了，他好像注定（決心）要死了。我們勸也無效，外面有人高呼老周的名字，要他不要抵抗，出去自首，老周就胡亂放他一槍，外面始終沒有還槍。只一再重複著先前的叫喚。

我們一直支持到天將破曉，老周才有點心急起來，他突然提議大家向外突圍。的確，這時如果不逃，等天明以後，就沒有希望了。於是我們立即行動。屋後的地形比較複雜，可作隱蔽。我們就揀擇後門為出路，先用手槍射擊開路，然後一氣衝出。這時四面一陣亂槍掃來，老周倒了下去。

敘事者：當人們在重構歷史現場時，難免要因為這樣那樣的因素而有所失真。我也不敢說，當我在重構這篇關於周慎源的歷史報告時是絕對「客觀」的。話又說回來，在諸多材料中總有比較接近客觀事實的說法吧。而我們總要通過比對分析後，決定採用那種說法，否則就無法進入那已然荒湮多年的歷史現場。

這段引用於「鄭畏三懺悔錄」的證言，最大的問題是，它是一個自稱為周慎源老同志的「自首者」，在「自首」後，根據另一個「自首」的「周慎源隨從」的說法，在白色恐怖仍然籠罩全島的一九五二年，以化名在官方喉舌《中央日報》刊載的「反共教材」。儘管如此，在沒有其他說法出現以前，我們也只好作為關於周慎源最後結局的唯一參考。

在安全局機密文件《歷年辦理匪案彙編》上下兩輯收錄的「匪」情資料中，我們也可找到幾則零星的、涉及周慎源「叛亂」活動的官方說法。

首先，「匪幹詹木枝叛亂案」載稱：一九四六年間，桃園大圳水利委員會職員詹木枝經林元枝介紹參加地下黨，直接受林指揮領導，負責交通聯絡工作；一九四九年五月受命前往伯公岡，向周慎源拿取手榴彈十顆，交與林元枝使用；同年七月掩護周慎源、簡文宣在家潛匿；一九五〇年五月被「省警務處前刑事警察總隊」捕獲，並獲准自新。省警務處前刑警總隊即將詹木枝交由桃園縣警察局刑警隊，負責祕密運用，協助偵查林元枝、周慎源等人行蹤。詹木枝遵照桃園刑警隊規定的指示聯絡，並經常提出內容甚為空洞的書面調查報告，毫無立功表現。一九五一年十月間，自新分子李詩漢向主持桃園肅殘聯合小組的刑警總隊供稱：詹木枝自新後畏懼周慎源制裁，曾由其妻出面向周表白他被迫自新，保證不出賣同志，破壞組織安全，要求周寬恕，並准許其恢復組織關係。周在原則上已經同意。不久，刑警總隊偵悉詹木枝已獲得周慎源徹底諒解，並暗中與周聯絡一次。刑警總隊認為，由此「可見周匪採取暗殺手段，用以防止其組織分子動搖，頗能收到鎮壓之效果。」乃以「自新不誠」將詹木枝再送審辦。這樣，日據時期就已經參加台共，並在一九三一年被捕入獄，判處懲役二年、緩刑五年的詹木枝，就在一九五二年七月十二日被槍決了。

後來，我也看到了政治受難人抄錄的關於詹木枝的台灣省保安司令部（41）安潔字第一四〇四號判決書。據載，詹木枝是由軍事檢察官杜峻嶺提起公訴，並於一九五二年四月一日由台灣省保安司令部軍事法庭審判官鄭有齡判決死刑。

鄭有齡：被告詹木枝，男，年四十五歲，桃園縣人，住桃園縣蘆竹鄉大竹村一六五號，業桃園大圳水利委員會職員，於民國卅五年間參加匪台灣省政治建設協會，受在逃匪首林元枝領導，並與林匪同住一屋。民國卅八年五月受命赴伯公岡匪徒周慎源處，取回手榴彈十枚，交林元枝使用。同年七月間留藏逃匪周慎源、簡文宣在家居住，並對二五減租（即三七五減租）政策作歪曲宣傳。同年八月中與林元枝約定在業已自首之楊阿木家晤面，並代通知林妻，俾林元枝潛行返家。卅九年九月經台灣省刑警總隊捕獲，層報國防部准予自新，戴罪圖功。至四十年十一月刑警總隊查悉該詹木枝被捕時未將組織完全交出，認為自新不誠，復將其逮送本部軍事檢察官偵查起訴。

被告詹木枝對於參加台灣省政治建設協會，受在逃匪首林元枝領導，與其同住一屋，代為搬取手榴彈，並於卅八年間林

涉案人犯處理情形

姓名	性別	年齡	籍貫	出身	職業	參加匪黨時間	匪黨職務	處刑情形
詹木枝	男	45	桃園	國民學校畢業	桃園大圳水利委員會職員	三五年三月	交通員	意圖以非法之方法顛覆政府並着手實行處死刑

判決文號及日期：本案係經前台灣省保安司令部四十一年五月一日以（41）安潔字第1403號呈，奉國防部四十一年七月四日（41）防隆字第一三九六號令核定。

死刑執行日期：四十一年七月十二日

檔案文號：（警）306.7/35

安全局的詹木枝檔案。

元枝逃亡後與其晤面，通知林妻等情，業據供認不諱。惟否認於自新時故意不將組織交出及自新後有與林元枝見面之情事。訊據業經自首之證人李詩漢供稱：聞逃匪周愼源告知，被告詹木枝之妻曾向其說明，謂詹之自新係出於不得已，請周勿加害。周愼源答以如詹木枝不出賣朋友、不把組織講出來，我就不害他云云。是被告詹木枝當時固因被捕而准其自新，核與刑警總隊解案來電所述相符。其在被捕羈押辦理自新之際是否有將組織情形坦白交出，原非其妻在外對周匪愼源所能妄加允約。而被告蒙准自新開釋返家之後，有無與林匪元枝、周匪愼源晤面，質諸自首之證人李詩漢、楊阿木均聲稱不知，而被告復矢口否認。是其自新後曾否與周愼源有所約晤談判，殊屬無從認證。但據證人楊阿木供稱：被告詹木枝在自新後有到渠家覓詢林元枝行蹤一次，當時該證人楊阿木尚未被捕，自係被告在自新時未將渠供出等語。質之被告，則諉稱乃當時忘記供述云云。反觀被告獲釋後即到楊阿木處尋訪林元枝，其心目中顯不忘與林元枝在楊阿木家中約晤，彼此關係非不密切，當無遺忘之理。則被告自新不誠殊屬信而有徵，自應就其自新前與匪首林元枝等共同從事叛亂之行為而論究，且據被告所供參加叛亂組織後又有積極為匪工作之表現，顯有意圖以非法之方法顛覆政府而著手實行，依法應處死刑，褫奪公權終身，全部財產除酌留其家屬必需生活費外併應沒收。

敘事者：根據台灣省保安司令部（39）安澄字第35X號判決書所載，安全局有關詹木枝機密文件所提到的簡文宣，被捕以後於一九五〇年十二月十一日被台灣省保安司令部軍事法庭審判官鮑濟嚴判處死刑，隨後押赴馬場町刑場槍決。

鮑濟嚴：被告簡文宣，男，二十四歲，台南縣人，住新營區新營鎮中正里中山路，前在台灣大學讀書時為學生聯合會總務股幹事，於民國三十八年四月六日與在逃之同學王子英鼓動學潮，事發後潛逃無蹤，至同年六月中旬經王子英介紹加入朱毛匪幫，受在逃之周慎源領導，旋與共赴桃園南崁在逃之詹木枝家中匿居，由詹木枝通知在逃之匪要林元枝與伊會面，囑其發展組織，加強訓練，普遍宣傳……等事實，供承不諱。被告犯罪目的在於叛亂，禍國殃民，罪無可逭，應處極刑，以昭炯戒。

敘事者：除此之外，安全局機密文件《歷年辦理匪案彙編》「桃園支部楊阿木等叛亂案」的「偵破經過」欄（第二四七頁），提供了周慎源最後結局的官方說法的補充：

一九五一年七月十日夜間，台灣省情報委員會主持之桃園肅殘聯合小組據報祕密逮捕了「由周匪慎源直接聯絡領導」的所謂「匪黨桃園支部書記」楊阿木及其女，隨即解送前台灣省保安司令部主持之特聯小組審辦。「惟因楊匪思想受匪毒素較深……不肯坦白供述及交出其所有關係黨徒」。十月間，該肅殘聯合小組改由省警務處前刑警總隊主持，由前台灣省保安司令部指揮督導，再將楊氏父女提回桃園訊問。歷經一晝夜的說服工作後，楊阿木「已有深切悔悟」。該聯合小組為爭取楊氏信心，即將楊女先行交保運用，並准其接見家屬。最後，楊氏「深受感動」，即面囑其父帶同其所吸收「黨徒」多人「投案自首」，並供稱其「領導上級周匪慎源經常出沒桃園中路茄苳溪橋附近」。桃園肅殘聯合小組掌握了周慎源的行蹤之後，立即在茄苳溪橋一帶進行部署，「果於是年十一月一日在該地發見周匪行蹤，因該匪開槍拒捕，當場被擊斃。」

根據我後來看到的調查局機密文件「台共省委一九五一年工作總結」，其中也寫道：「十一月初老楊（周慎源）、老簡（簡萬德）在桃園附近遭難」。

另外，在通讀檔案局近年解密的龐雜而字跡又甚難辨認的泛黃的檔案資料中，我也發現了一則與周慎源的最後結局有關的密報人徐運德一九五一年十一月五日的報告。

徐運德：民國四十年十月中旬，周慎源來和我們開會時，談話中講出中福村組織被破獲，被捕共六人，內中有吳阿慶、游石寶兩人是組織分子，這兩人個性相當強硬，可能不洩漏祕密。周本人當晚也宿在中福村某草寮。一青年報告抽查。他立即離開時尚發現政府行動人員吉普車。隔日，周再往中福村打探消息，會得詹德源見面。詹告險被捕情形後，他囑詹堅決逃走。

敘事者：同樣是關於周慎源最後結局的說詞，比較起來，〈鄭畏三懺悔錄〉的說法，就顯得比較像是小說創作的情節一般，雖然有較多的現場描寫，但是因為沒有指出時間、地點，終究還是不能讓人全信的。相對地，安全局機密文件的資料，儘管在用詞上充滿肅殺之氣，但作為執行單位的立場，它所指出的時間、地點，總是比較可信的吧。

許多白色恐怖受難人認為，因為有其造案的需要，所以安全局機密文件的材料不能全然採信。儘管如此，對探訪那段迷霧一般的歷史的人來說，它卻提供了相當的人脈線索，讓我們在茫如大海的歷史現場的尋訪，不至於茫無頭緒。

一九九四年五月十三日，根據安全局機密文件提供的線索，我像是當年辦案的情治人員一般，歷經輾轉數年的尋訪之後，終於循線在桃園市中山路一座市場內的小草藥店，找到一位和周慎源最後的流亡生涯有直接關係的歷史見證人游昌雍老先生。

游昌雍：我是桃園蘆竹鄉中福村人。我認識周慎源大約是在一九五〇年間。那時候，我在台北康定路一家私人公司當經理。有一天，公司董事長的妻舅帶了一個朋友來，說

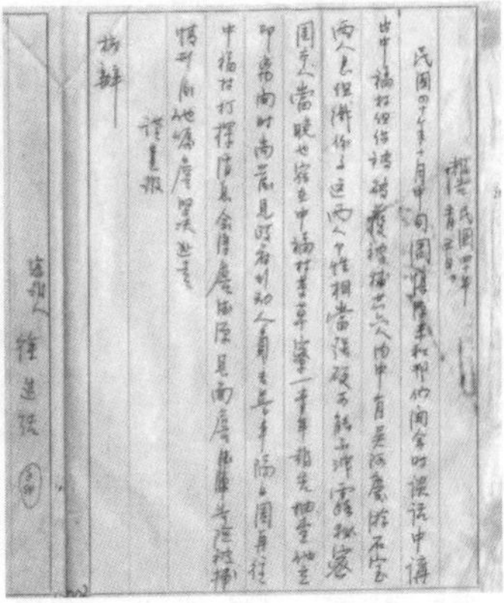

一九五一年十一月五日密報人徐運德的報告。

是做生意失敗，暫時在跑路，要我幫忙安置。我於是安排這個「跑路人」，住在公司正準備翻修而暫時空著的宿舍。漸漸地，我和這個「跑路人」熟了以後，才知道他叫周慎源。他幾乎過著晝伏夜出的生活。一段時間之後，他向我表示，那裡住久了不太好，想到農村去。我於是就帶他到蘆竹家裡住。就因為這樣，我們家族後來才會遭到悽慘的下場。但是，就算是收留一個罪大惡極的槍擊要犯吧，也不該牽連那麼多的無辜呀。何況是一個年輕有為的大學生。

敘事者：從時間上推測，游昌雍老先生所說的情節應該是十三份被破壞以後的事。蘆竹鄉後來幾乎遭到「清鄉式」的政治整肅，無以數計的農民被牽連入獄，並被判處死刑或刑期不等的有期徒刑。據游老先生抄錄的台灣省保安司令部（41）安潔字第二四六六號判決書所載，一九五二年六月九日，桃園縣蘆竹鄉一共有游昌雍等十四人（中福村九名）被台灣省保安司令部軍事法庭審判官甘勵行判刑，游昌雍十五年，

游昌雍先生在中福村事件現場。（藍博洲／攝）

姪兒游金魚槍決，另外還有兩個族兄分別被處以十二年和十年的徒刑。以下摘錄其中涉及游昌雍與周慎源的內容並加註標點符號，以便我們對案情的了解。

甘勵行：被告游昌雍，男，年三十九歲，桃園縣人，住蘆竹鄉中福村八鄰，業商。三十八年十一月間，經簡萬得介紹，參加匪幫中福村支部，負責探取情報等工作，與林聲發、簡潮壽、呂東聲同一小組，先被開會六、七次，討論反對政府及階級鬥爭等問題。卅九年一、二月及五月間，先後介紹邱垂日、徐阿生與林聲發，由林聲發吸收加入組織等事實，雖狡不供認，惟該被告在刑警總隊調查及軍事檢察官偵查時均已供認歷歷，前後均屬相符，自難任其飾詞翻異，諉卸罪責。

被告林聲發，又名黃聲發，男，年廿四歲，苗栗縣人，住苑裡鎮苑東里天下路，業工。三十八年一月間，經現已自首之游好文介紹，參加匪幫組織，受周慎源、簡萬得（均已擊斃）領導。同年十一月間，奉簡萬得之命，成立中福村支部，自任書記，先後在周慎源家及游昌雍家開會數十次。卅九年一、二月及五月間，先後吸收邱垂日、徐阿生等加入匪黨組織等事實，業據其供認不諱，核與刑警總隊調查情形及軍事檢察官偵查結果，均屬相符，犯情明確，堪資認定。至其吸收邱垂日、徐阿生加入組織一節，雖矢口否認，但已據同案被告游昌雍供證明確，自難任其狡展。

被告游金魚，男，年廿四歲，桃園縣人，住蘆竹鄉中福村八鄰，業農。三十八年十二月間，在其家由林聲發介紹，參加匪幫組織，與詹德源、黃樹丙同為一小組，由詹任小組長，先後開會十餘次，討論協助匪軍解放台灣等問題。被告對於上述事實，在審理中雖矢口否認，但已據被告在刑警總隊及軍事檢察官偵查時供認歷歷，核與同案被告黃樹丙供述情形相符，自難任其飾詞翻異。

被告黃樹丙，男，年廿四歲，桃園縣人，住蘆竹鄉中福村，業農。卅八年十二月間，在游金魚家，經詹德源介紹，參加叛亂組織，與詹德源、游金魚同一小組，先後開會十六次，討論土地法大綱及韓戰等問題，並吸收黃火生加入其組織，及領導徐阿彩、劉明鐘、劉進炎、黃順清、詹益盛諸黨羽。被告於卅八年十二月間在游金魚家經詹德源介紹參加叛亂組織，與詹德源及游金魚同一小組，先後開會三次，並吸收黃火生加入其組織，及由林聲發將徐阿彩等交其領導等情，已據供認不諱，復查被告附卷之自白書，內稱「參加叛亂組織後先後開會十六次，討論土地法大綱及共匪勝利等問題」等語，具見犯罪惡性深重，至堪認定。

查被告游金魚參加叛亂組織，祕密集會陰謀叛亂，核其行為已達於意圖以非法之方法顛覆政府而著手實行之程度，實屬惡性深重，罪無可逭，應依法處死刑褫奪公權終身，全部財產除各酌留其家屬必需之生活費外均沒收。被告林聲發、游昌雍、黃樹丙等參加匪黨組織後，或充匪黨支部書記，或則吸收他人加入組織，或則為匪探取情報，核其行為亦均達意圖以非法之方法顛覆政府而著手實行之程度，原應處以重刑以彰國法。惟被告等被捕後，如林聲發交出其全部組織，自動協助將陳永記、游昌雍二名帶案；被告黃樹丙提供線索，由其家屬勸導在逃匪幹詹德源　其黨羽等十九名到案自首；被告游昌雍亦自動交出全部組織關係，且在未獲案前一日均已決定自首，足證被告等不獨犯罪後誠意悔過，且在獲案後坦白供出線索，使緝捕者易於破案，不無工作表現。上開事實均經刑警總隊查明，並經各單位代表開會議決，應予從輕議處各有案，爰予酌減其刑，用示政府寬大至意。各處有期徒刑十五年，各褫奪公權十年，全部財產除各酌留其家屬必需之生活費外均沒收。

敘事者：客觀來說，就像游老先生所言，整個悲劇的根源，就是因為他把周慎源這樣的「跑路人」帶回村子。事實的確是這樣。但是，道理卻不應該這樣。至少，游昌雍自己幾十年來就不曾怪罪過周慎源。

關於周慎源最後被擊斃的現場情形，游老先生說，他把周慎源帶到蘆竹以後，就在周慎源的建議下離開家鄉，到八仙山林場做工。他說因為他不在現場，所知道的也是坐牢回來以後聽人說的，所以並不是那麼實在。但是，他又安慰我說，他可以帶我到蘆竹去見比較了解情況的同案難友黃樹丙先生。游老先生話剛說完，立刻起身關了店門，陪我前往蘆竹鄉中福村，尋訪周慎源流亡生涯的最後一幕。

一九九四年五月十三日黃樹丙先生於蘆竹中福村。（藍博洲／攝）

黃樹丙，一個高壯、黝黑的農民，一九二九年生，採訪當時應該是六十出頭的「老」先生了，可看起來卻像是個正當壯年的農村的「歐基桑」。他要是不告訴我實際年齡，我還會以為他坐牢時才十幾歲呢。實際上，他被捕時也才二十二歲。黃先生個性直爽，從談話中，看不出來十五年的黑牢在他臉上留下什麼印痕。而這點，在我對所接觸的政治受難人的觀察中是經常會有的。黃先生知道我的來意之後，遞了一根菸給我，然後也給自己點了一根，深深吸了一口後，直接就切入正題。在憶述中，他注意到我埋頭做筆記，香菸擱在一旁，沒有點燃，就暫停下來，幫我點菸。我抽了一口。他才又一邊抽菸一邊繼續說下去。我於是把手上的菸擱在菸灰缸上，拿起筆，繼續記錄。整個採訪過程，黃先生總是深深吸了一口菸後才悠悠述說不曾對其他人說過的往事。因為這樣，我也不知道他總共點了幾根菸。

黃樹丙：我見到周慎源大約是在一九五一年左右。他來了以後，就住在附近一個姓吳的兄弟家裡。他人長得比較高大。村子裡就只有我的衣服，他可以穿。他要出門時，就會過來，跟我拿衣服穿。他雖然近視卻沒戴眼鏡，臉也晒得黑黑的，一點也看不出都市人的模樣。他很隨和，對人非常客氣。我雖然是個學歷不高的農民，但是因為對政府的施政不滿，思想自然就受到當時的時局影響而左傾。因此，周慎源也會告訴我他的過去，並且常常分析時局給我聽。

我是在一九五一年割第二期稻子期間被捕的。那一批，一共抓了五個人。在我心目中，周慎源是一個真正的鬥士。怎麼說是嗎？我們中福村先後被圍捕了兩次，外地人不算在內，一共抓了九個人，打掉三個。但是沒有一個人是受周慎源牽連的。到後來，真正有關係的就只剩下周慎源和另一個簡萬德。周慎源在這種情況下碰到圍捕，其實是可以不死的。但是他卻因為堅決抵抗而被當場打死。

周慎源被擊斃時，我正關在肅殘小組設於桃園文昌廟的臨時監獄。照理來說，他犧

游昌雍與黃樹丙先生共話當年的慘史。（藍博洲／攝）

牲的現場情況，我是不可能知道的。但是，有一天，裡頭一名姓葉的外省警官拿了一張照片給我看，問我那個人是不是周慎源？我看到那是一具身體被打得稀爛的死屍，但是死者的面貌仍然可以清楚辨認。他的確就是周慎源。後來，我就問那名警官，周慎源怎麼會被打得這樣慘。那名警官也毫不隱瞞地告訴我，說他們根據某一被捕者的供詞，知道周慎源什麼時候會在那裡與他會面，就事先埋伏在現場。果然，周慎源按時出現。但是，周慎源也許是發覺情況不對，到了會面的地方卻沒有停下來，仍然繼續往前走。他們就在後頭小心地跟蹤，準備遵照上級的指令伺機活捉他。周慎源走著走著，應該知道自己已經被跟蹤了，頭也沒回，突然就回手向他們開槍。那名警官尷尬地笑說他自己還差點被打到。周慎源一開槍，他們就趕快臥倒。然後他們看到周慎源開了槍就跑，同時還把手摸向腰部。他們以為他要拿手榴彈來丟，情急之下就不約而同拚命開槍。最後，終於把他當場打死了。

我後來又聽一名參與這次圍剿行動的小警員說，當他們要把周慎源的屍體抬上車時，屍塊卻紛紛掉落下來。

敘事者：就在採訪黃樹丙之後，朋友提供了我一份題為〈我在二二八清鄉逃亡的日子〉的影印文章，那是發表於一九九四年《台灣文藝》新生版第八期第五十七至六十一頁的「台共自新教師吳敦仁的口述」。吳敦仁說，一九二三年他出生於桃園縣蘆竹鄉羊稠坑農村，曾經參與當時的蘆竹鄉長林元枝（他姊夫的三哥）領導的桃園地區的二二八鬥爭。一九四八年，他透過林元枝介紹，由日據時期農運領袖簡吉吸收參加中共地下黨，先後接受張志忠、陳福星和周慎源等人領導。一九五〇年夏天，潛匿在竹圍海邊西瓜寮期間，他也聽到了他的上級領導之一的周慎源遭到刑警隊圍捕而當場被打死的傳言。

吳敦仁：一九五一年十一月，台灣省情報委員會主持的桃園肅殘聯合小組，根據線索，在周慎源經常出沒的桃園中路茄苳溪橋附近部署守候，看到農民打扮的周慎源在中路「店仔」買高級的「雙喜」香菸，引起多位守候刑警的注意與懷疑，立即上前盤查。據說周慎源也當場拿出手槍拒捕，卻因子彈卡住，他丟棄槍枝，又拿出手榴彈，欲咬開保險栓反抗時，卻遭到刑警們當場開槍擊中頭部身亡。

敘事者：關於周慎源的最後結局，後人整理的「台共自新教師吳敦仁的口述」，在當年就是憑空聽來的傳說而已，無根無據。經由口述整理者的加工，於是就出現了傳言中不可能出現的「台灣省情報委員會主持的桃園肅殘聯合小組」，這與後來所述的圍剿周慎源的經過，應該還是根據後來看到的安全局機密文件所載的內容吧。另外，黃樹丙的證言和〈鄭畏三懺悔錄〉的說法顯然也有很大的出入。由於三者都不是親在現場的第一手見證，我們也不能因此斷言，哪種說法才是絕對的事實。那麼，就讓這三種說法都留下記錄，提供後人作為歷史的省思吧。

採訪黃樹丙先生的那天下午，離開黃家的時候，天色就要暗了下來。臨走前，黃先生特別向我交代，要我見到周慎源的哥哥時替他致意。黃先生強調說，叫他不要傷心，要為他弟弟的犧牲感到驕傲。因為他有一個了不起的弟弟。

六、高埤腳祭悼遊魂

敘事者：一個星期後，我向周慎源的二哥周慎平先生轉達了黃先生的致意，然後對他做了第一次採訪。後來，周慎平先生也克服了內心悲痛，重新和我一起「尋找周慎源」。

幾年來，周慎平先生不時地向我提供可以了解周慎源生命史的某個片段的線索。我也經常地向他報告調查與研究的心得。

通過對歷史的認識，周慎平先生內心的悲痛終於逐漸康復了。就在這樣的心理狀態下，一九九七年三月十九日，我們約了黃樹丙先生，一起到周慎源犧牲的現場，祭拜亡魂。

汽車駛進中福村。我看到幾年不見依然健朗的黃先生已經站在路口佇立等候了。我把車停在路邊，讓周先生下車。黃先生已經迎上前來，伸出他那雙巨大的手，緊緊地握著周先生較為瘦小的雙手，久久不放。

我們然後從柏油路面的公路轉往通向黃家的田間小路。我走在兩位老者的後頭，看著他們仿若多年老友一路並肩而談的背影。

在黃家，黃樹丙先是告訴我們，游昌雍老先生已在年前病逝了。然後，他又向周慎平先生敘述他所知道的關於周慎源的點點滴滴。周先生一面認真地聽著，一面仔細地做著筆記，偶爾也提出一些問題。

在屋裡坐了一段時間後，黃樹丙先生又帶我們走出屋外。他向周先生說要帶他去看看他老弟當年住的地方。黃先生一路拉著周先生的手，一邊向他介紹周慎源走過的地方。經過一座家庭工廠旁的雜草堆時，黃先生對周先生說他老弟當年就躲在這裡。姓吳的兄弟幫他搭了個草寮，他就在這裡睡。周慎平先生問他們兄弟還在嗎？黃先生說兩兄弟都打掉了。周慎平聽了很難過，歉疚地說都是他弟弟跑來這裡害了人家。黃先生安慰周慎平，叫他不要這樣想。他說大家都是白色恐怖的受害者，互相都能諒解的。

最後，我們就在黃先生的指引下，驅車前往周慎源犧牲的現場。車子開到一個小地名叫高埤腳的大池塘邊。黃先生要我停車。就是這裡。下了車，黃先生立即告訴周先生，說他老弟百分之百是在這裡，沒別處了。我提出疑問，說安全局的資料說是在中路茄苳溪橋附近啊。這裡就是中路。黃先生向我解釋，說茄苳溪橋離這裡也不遠。我上次來過後，他又作了調查，確實就在這裡不會錯的。只是，經過了幾十年，高埤腳的地形也有所變化，而周慎源當年又都走小路，所以，他不能確定是在池塘的這邊還是那邊？

到了高埤腳後，周慎平先生的臉色突然就凝重起來，連話幾乎都不說了。這時，我看到，他獨自一個人捧著一束線香和幾粒蘋果，沿著池塘邊的泥土小路，緩緩地走向前去。他在地上擺好蘋果，點燃線香，望著遙遠的天際，口中念念有詞，祭拜著周慎源不知遊向何方的亡魂。

周先生把香梗插入泥土中了。黃先生於是走過去，請周先生跟他老弟說，因為高埤腳的地形變化太大了，我們就只能找到這裡，請他安息吧。周先生於是又再次對著遼闊的天際，合掌祭拜，並向弟弟的亡魂告知，幾十年來一直尋找，最後也只能找到這裡了。

祭拜結束了。

周先生把擺在泥地上的蘋果收起來，走回停車的地方。黃先生和我也跟著離開現場。臨上車前，我刻意回頭望了一眼周先生祭拜弟弟周慎源的地方。我看到，插在泥地上兀自燃燒著的幾枝線香的輕煙，隨著春風裊裊地飄浮在水面上的天空。

我想，幾年來「尋找周慎源」的歷史之旅，怕是不能不以高埤腳作為終站吧。

一九九八年七月十日初稿
一九九八年十一月廿三日二稿
二〇〇三年六月一日三稿
二〇一七年七月廿二日四稿
二〇一七年十月四日五稿

青年時期的周慎平與弟弟周慎源。

尋找烏溪冤魂

劉哲源

前言：一則地方報紙的報導

敘事者：一九九〇年春天，我在南投地區採集五〇年代白色恐怖的民眾史時，無意間，在一張報紙的地方版上，看到一則有關那段恐怖時期的報導。

這篇報導指出，以檳榔聞名全省的雙冬里，有個叫劉哲源的青年，在一九五〇年八月的某個晚上突然失蹤，音訊全無。一直到他被關在軍法處看守所之後，他的父親劉清棋才能趕去探監。可是，沒多久，劉哲源就刑死馬場町。劉清棋領回愛子的骨灰後，在悲痛中，把他安葬在烏溪畔的墓地，並在墓碑的兩側刻下一副對聯：

冤血留北地
枉身葬此城

此後，劉清棋在兒孫面前絕口不提劉哲源的任何事情。只是，每逢清明前夕，他都會自己一個人走到離家不遠的劉哲源墓前，暗自流淚。多年前，劉清棋終於含悲病逝。而劉哲源當年失蹤的究竟，對劉家兒孫而言，仍然是一個未曾消散的歷史迷霧。

對我而言，就像我採訪過的許多政治受難人當年的遭遇一般，劉哲源失蹤的故事並不會讓我感到意外。可是，隱藏在那副對聯背後的劉清棋的悲怨，卻深深觸動了我想要一探究竟的心情。

日子在忙亂瑣碎中一天天度過。

我時常會在靜思遐想時浮起一個面對著「冤血留北地，枉身葬此城」的墓聯而暗自垂淚的老人畫面。

終於，我決定展開有關劉哲源悲劇的尋訪工作了。

一、同案難友周紹賢的證言

敘事者：一九九二年，清明節的前一天，黃昏時分。汽車駛到南投市境時，一場宛如初夏的雷雨驟然落下。我在雨霧中減速前行，並且一度迷失了路向，終於在天色就要暗下來時，找到第一個受訪者——政

劉哲源「叛亂」罪喪命

四十年「罪狀」迄未明

南投雙冬劉家滿腹辛酸盼能早日大白

一九九〇年春天南投地區報紙地方版上有關劉哲源悲劇的報導。

治受難人周紹賢先生的家。

認識周紹賢是在一九九一年的初夏時節。當時，我應青年攝影家何經泰之請，陪著他在中部地區進行他題為《白色檔案》的肖像記錄工作。通過政治受難人郭明哲先生的介紹，周紹賢即是其中被記錄者之一。在拍照之前，周先生作了有關個人案情背景的簡單介紹。我注意到，他在談話中提到「劉哲源」的名字。然而，因為行程的限制，當天下午，我並沒有機會與周先生談一些有關「劉哲源」的事情。

時隔一年，當我決定探究劉哲源悲劇背後的道理時，周紹賢便是我進行調查的第一線索。

在周紹賢家的客廳進行訪談時，屋外又下起大雨。雨點打在周遭房子的塑膠屋簷上，滴滴答答，吵鬧不堪。周紹賢餘悸猶存地回憶著當年的經歷。

周紹賢：我是草屯雙冬人，一九三二年生。我父親是佃農，家境窮困。戰爭結束，台灣光復後，我就留在家鄉，向人租山種香蕉，沒再升學。有一天，有個警察來到山上，說有事要跟我談談。我只好放下手中的工具，跟那名警察下山。沒想到，我就這樣被抓了。可是，我不知道自己為什麼被抓。我先是跟著那名警察到雙冬派出所，然後就被轉往草屯分局。在分局，我見到另一名被抓的人，名叫劉興政。可是這之後我就沒再見過他。當天晚上，我們就被送到台中。過了一夜，然後直接移送台北東本願寺的情報處保密局。

在東本願寺，我自己一個人被關在一間小牢房裡，三不五時，被調出去偵訊。雖然沒有被刑求，但獨自被關在那裡，不知日夜，更不知道明天會發生什麼事。心裡頭只感覺到非常恐怖而害怕。在保密局的偵訊告一段落後，我就被移送青島東路三號軍法處看守所，準備結案。

敘事者：說到這裡，周紹賢就不再述說了。起先，我以為他只是暫停下來休息，於是就給自己點了一根菸，藉機喘口氣。我把熄滅的菸屁股棄置於桌上的菸灰缸了。可是，他還是靜靜坐在那裡，既沒有喝口茶水，也沒有開口繼續述說的樣子。我只好故意打破難堪的沉默，問說那麼這個案子叫什麼案呢？他於是回答我，並繼續解釋述說。

周紹賢：我這個案子其實也沒有什麼案名。要不然，就叫「劉哲源案」吧。怎麼說呢，就我所知，我們雙冬庄裡一共被抓走五個人，後來有兩個人無罪放回來，而我和劉興政以及劉哲源都被判了刑。因為我們三人都是公學校的同學，而我和劉興政的判決書上又都因為和劉哲源有關而被判刑，所以，我才說它是「劉哲源案」。不過，我的判決書上的「被告」名單並沒有劉哲源。他被併到另外一案了。草屯有一位叫廖九芎的老台共，反而和我同一張判決書。其實，我根本不認識這個人。光從這一點，你就知道當時有多亂吧。牽來牽去的，隨他們愛怎麼判，就怎麼判。

敘事者：根據周紹賢提供的中華民國四十年二月二十一日台灣省保安司令部（四〇）安澄字第〇七五三號判決書所載，「被告」劉興政與周紹賢的確都與劉哲源有關。判決書寫道，被告劉興政，男，年二十二歲，台中縣人，住南投縣草屯鎮雙冬里中正路，業農。周紹賢，男，年十九歲，南投縣人，住草屯鎮雙冬里，業農。廖九芎，男，年四十二歲，南投縣人，住集集鎮民生街，業工。

在「事實」部分陳述之後，判決書接著

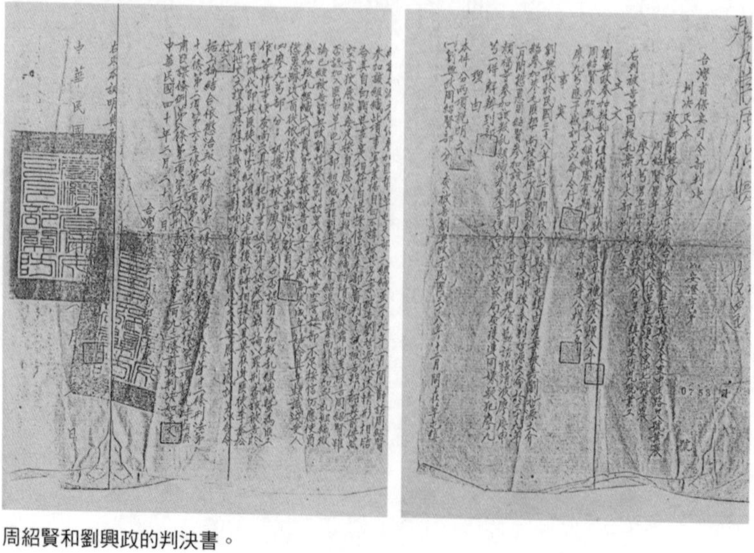

周紹賢和劉興政的判決書。

又詳述了台灣省保安司令部軍法處審判官范明的判決「理由」。

范明：查被告劉興政於民國三十八年十二月間在草屯鎮經劉哲源之介紹，參加匪幫草屯支部之組織，至三十九年一月間勸誘周紹賢參加該組織，此項事實業據自白不諱，核與另案被告劉哲源供述情形相吻合，其自白顯與事實相符，自堪採信。在本部審判中，該被告雖翻異前供，然空言狡展，殊無足採，自應以參加叛亂組織酌情論處罪刑。

至被告周紹賢雖否認加入匪幫草屯支部組織，並謂劉興政係介紹渠職業而非參加叛亂組織。惟論已經被告劉興政、劉哲源分別證實在卷。該被告空言諉卸，不足採信，仍應使負參加叛亂組織之刑責。第查該被告現年十九歲，尚未成年，姑念其年輕識淺，受人慫恿，跡近盲從，依低度刑減輕論處，以啟自新。

訊據該被告廖九芎矢口否認有參加叛亂組織暨為匪工作等情事，經查尚乏具體犯罪事證可資認定，固難論以罪刑。查該被告於日治時代即與匪徒謝雪紅相識，迨光復後尚時相接近，且與在逃匪徒李喬松有世交之誼，其思想不無受其影響，殊有交付感化之必要，應予感訓，另以命令行之。

據上論結，合依懲治叛亂條例第一條第九條後段、第五條、第十二條，刑法第十八條第二項、第六十五條第二項、第六十六條前段、第二十七條第二項，戡亂時期檢肅匪諜條例第八條第一項第二款，刑事訴訟法第二百九十一條前段，判決：劉興政參加叛亂之組織，處有期徒刑十二年，褫奪公權八年。周紹賢參加叛亂之組織，處有期徒刑五年，褫奪公權二年。廖九芎應予感訓，另以命令行之。

敘事者：如果這份判決書所載審判官范明的論述是事實的話，案情就很清楚了。也就是說，先是劉哲源介紹劉興政參加所謂「叛亂之組織」，然後劉興政又「奉命慫恿周紹賢參加該組織」。問題是，劉哲源又是經由誰介紹，或是受誰「慫恿」，而參加所謂「叛亂之組織」？我們又如何能判定上述所言皆是事實呢？

因為，主要涉案人劉哲源早已在一九五〇年代仆倒馬場町刑場，另一涉案人劉興政也於出獄後的一九八六年十月因肝病逝世，唯一的歷史見證人就只有當時尚未成年而今已六十出頭的周紹賢了。

事隔四十幾年後，周紹賢向我描述了保密局特務當年荒謬的偵訊實況。

周紹賢：其實，早在「審判庭」上，我已否認參加組織，卻不被採信。特務說，聽我的朋友說我有參加組織。我否認說我不知道什麼組織？我沒有。他就說我朋友說我有就是有。我再怎麼否認也沒有用。這樣，我面對的第一次偵訊就結束了。後來，他們又繼續訊問我認不認識劉興政？我老實回答說認識，他是我公學校時候的同學。他們再問劉哲源呢？認識。我說，我們是鄰居，又是公學校同學，從小一起長大，怎麼會不認識。特務總結說，那麼我一定有參加組織，因為劉哲源說我有參加組織。

事實上，在這之前，我並不知道劉哲源已經先我一天被捕。至於劉哲源究竟有沒有說我有加入組織？我也不知道。在整個偵訊期間，我始終不曾見過劉哲源，更談不上對質了。後來，我在綠島時，聽難友說，他被槍斃了。這事也就永遠無法查證了。現在，我認為這些都不重要了。畢竟，在那個年代，死的死，關的關，家破人亡的家破人亡。我總算走運，命能留下來。劉哲源就沒逃過一劫，死得不明不白。

敘事者：根據周紹賢先生後來複印給我的劉興政的戶籍記事載稱，他於一九五〇年九月十五日因案遷出草屯雙冬，綠島受訓刑中。一九五五年七月五日遷出台東縣綠島鄉公館村六鄰唐湯銘之戶內，同時職業變更為訓導處新生。

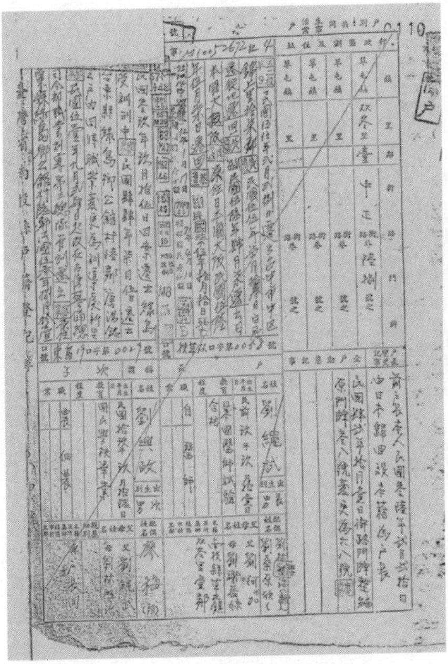

劉興政（1920-1986）的戶籍記事。

一九六二年九月廿四日起改在台灣警備總司令部職業訓導第三總隊管訓遷出。一九六四年八月十一日遷回本籍。那麼，出獄後的他有沒有什麼說法呢？我問了周紹賢先生。

周紹賢：劉興政原判十二年，但不知為什麼，刑滿之後又被送往小琉球管訓隊，多關了二年多才出來。我們後來曾經聊到當時的恐怖經驗。我印象最深刻的是，他向我坦然表白，他頭一天到東本願寺，看到那些被叫出去偵訊的人是被抬著回來的，整個人就已經嚇破膽了。所以，那些特務要他承認什麼，他都承認。我記得，那時候，他向我解釋，說他甘願什麼都承認，也不要被刑。因為這樣，他也成了「叛亂犯」。事實上，就我所知，他和我一樣，只是個知識水平不高的農民而已，能參加什麼組織呢。

敘事者：那麼，劉哲源呢？我繼續問周紹賢，他有沒有可能加入組織呢？就他的理解，劉哲源這個人的背景怎麼樣？

周紹賢：他有沒有加入組織？這點，我就不清楚了。我那份判決書只提到劉哲源介紹劉興政參加「草屯支部」，並沒有提他本身是否參加組織，以及由誰介紹。所以，我也不清楚他的情況。

就我所知，劉哲源的家庭單純。在日據時代，他父親劉清棋是我們雙冬的保正，光復後改為里長，同時又是香蕉集貨場場長。在雙冬，家境算是很好的。我們雖然是公學校同學，但畢業後，他去台中讀書，讀什麼學校我就不太清楚了。而我一直在山上種香蕉。兩個人走的路已經不太一樣了。他畢業回來後也在山上種香蕉。我們工作的地方不同，也就沒什麼機會接觸。但是，晚上回家休息，我們還是有機會見面聊天。就我的印象，劉哲源的腦筋還算不錯；但在公學校時，他的書也沒有特別會念。從這一點看，大概也不會是什麼共產黨吧。我在牢裡見過一些後來被槍斃了的共產黨員，不論是本省人或外省人，在我來看，學識都是飽飽的。

二、南投工委會草屯支部與一把卡賓槍刺刀

敘事者：顯然地，關於「劉哲源案」，唯一的歷史見證人周紹賢並不能為我們撥開歷史的重重迷霧而讓真相重現。這樣，我們只好再從官方文件裡頭去了解這個致劉哲源於死命的「叛亂組織」究竟是怎麼一回事。

根據安全局機密文件《歷年辦理匪案彙編》所謂「匪台中地區委員會張伯哲等叛亂案」的「案情摘要」記載：

一九四八年九月以後，所謂「共匪台灣省工委會南投區工委會」，在「台中支部」

的基礎上擴大組成。

一九四九年元月，所謂「南投區工作委員會草屯支部」正式成立，支部領導人是洪麟兒，成員包括洪西以、吳紹勳等人，陰謀建立草屯、南投、竹山等地「武裝組織」，及擴展國姓鄉、乾溪、雙冬「游擊基地」，「以待匪軍攻台時，實施內應。」

一九五〇年四月四日，國防部前保密局破獲「草屯支部」上級領導張伯哲、洪麟兒等。四月六日，經台中憲兵隊策動說服而投案自首的吳紹勳供出「草屯支部書記」洪西以等人。四月八日起，洪西以等人陸續被捕。

另據台灣省保安司令部（39）安澄字第二八〇四號判決書所載，一九五〇年十月五日，該部軍法處審判官端木棪判處三十一歲的廣東省普寧縣人張伯哲死刑。

端木棪：張伯哲於民國二十九年在廣東韓山師範學校經教員

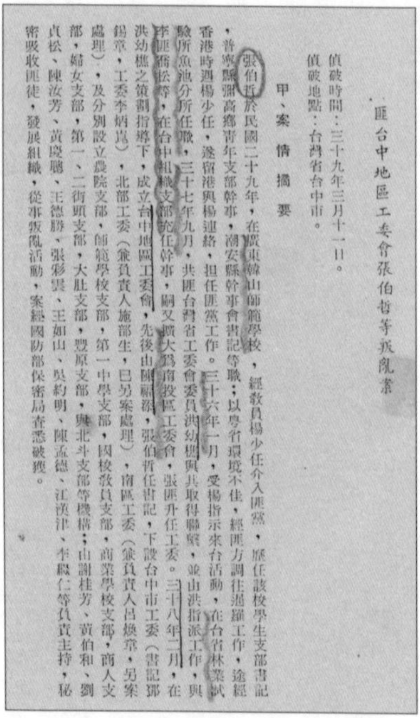

匪台中地區工委會張伯哲等叛亂案

偵破時間：三十九年三月十一日。
偵破地點：台灣省台中市。

甲、案情摘要

張伯哲於民國二十九年，在廣東韓山師範學校，經教員楊少任介入匪黨，歷任該校學生支部書記，普寧縣鄉高鄉青年支部幹事，潮安縣幹事會書記等職；以粵省環境不佳，經匪方調往暹羅工作，途經香港時遇楊少任，遂留港與楊連絡，担任匪黨工作。三十六年一月，受楊指示來台活動，在台省林業試驗所魚池分所任職，三十七年九月，共匪台灣省工委會委員洪幼樾與其取得聯繫，並由洪指派工作，與李匪喬松等，在台中組織支部並任幹事，嗣又擴大為南投區工委會，張匪升任工委。三十八年二月，在洪幼樾之策劃指導下，成立台中地區工委會，先後由陳福添，張伯哲任書記，下設台中市工委（書記鄧錫章，工委李炳崑），北部工委（兼負責人施部生，已另案處理），南區工委（兼負責人呂煥章，另案處理），及分別設立農院支部，師範學校支部，第一中學支部，因校教員支部，商業學校支部，商人支部，婦女支部，第一、二街頭支部，大肚支部，豐原支部，與北斗支部等機構；由謝桂芳、黃伯和、劉貞松、陳汝芳、黃瓊聰、王德勝、張彩雲、王如山、吳約明、陳孟德、江漢津、李穀仁等負責主持，秘密吸收匪徒，發展組織，從事叛亂活動，案經國防部保密局查悉破獲。

安全局機密文件所謂「張伯哲等叛亂案」首頁。

楊少任介入共黨，歷任該校學生支部書記、普寧縣彌高鄉支部青年幹事、潮安縣幹事會書記等職。以粵省環境不佳，經上級調往暹羅工作。途經香港，遇楊少任，留港，與楊聯絡，擔任匪黨工作。三十六年一月受楊指使來台活動。在本省林業試驗所魚池分所任職。三十七年九月，共匪台灣省工作委員會委員劉匪志敬與伊取得聯繫，由劉指配工作，與匪李喬松等在台中組織支部，充任幹事，嗣又擴大為南投區工作委員會，張乃升任工委，下有草屯、霧峰、南投、竹山四支部及直屬小組等組織。

敘事者：台灣省保安司令部（39）安潔字第二四八二號判決書另載，一九五〇年十月八日，該部軍法處審判官周咸慶判處五十歲的草屯農民洪麟兒死刑。

周咸慶：洪麟兒係台中縣農民，於民國三十六年十二月在台中縣草屯鎮由在逃之李喬松、李舜雨二人介紹，參加朱毛匪黨組織。初受李喬松之領導，後改受周某領導。自三十七年三月至三十九年二月，先後吸收莊金標、王銀城、洪洒連、蔡萬雲、洪淮山、洪人秋長子洪錫珍、在逃之次子洪錫卿，及在逃之李金塗、蔡溪惟等加入匪黨組織。旋承周某之命籌組匪黨南投區委會，自任書記，以莊金標、江朝澤為委員，隸屬於匪黨台灣省工作委員會，以領導或聯絡匪黨南投、草屯、霧峰、竹山各支部。另有兩個直屬小組，黨員即其所吸收之洪錫珍、洪人秋、洪淮山、游欽木等，及個別聯絡之黨員李清波等，並通知莊金標、江朝澤等來家，參加匪徒周某主持之區委會議，由該周某講解大陸匪黨勝利情形，及如何利用政府實行之「三七五」減租辦法向農民反宣傳，從事發展匪黨在台力量，企圖以非法方法達其顛覆政府之目的。

敘事者：台灣省保安司令部（39）安潔字第一一七一號判決書又載，一九五〇年六月一日，該部軍法處審判官邢炎初判決五十二歲的草屯農民洪西以「參加叛亂之組織處有期徒刑七年褫奪公權五年」。

邢炎初：緣另案被告即叛徒張伯哲化名老周，及洪麟兒、江朝澤、莊金標等早潛伏台中縣南投、草屯一帶，密設叛黨組織南投、草屯等支部，吸收黨員，發展武裝小組名曰游擊隊。本案被告洪烱松、洪西以、林庚錦、

匪「山地武裝組織」草屯、南投支部洪西以等叛亂案

偵破時間：三十九年四月六日。
偵破地點：台灣省台中市。

甲、案情摘要

洪西以，五十二歲，台灣台中縣人。三十七年秋，受匪黨份子洪麟兒吸收。十一月七日與洪右、洪朝東，於洪麟兒住宅舉行入黨宣誓。由匪幹張伯哲（化名老周，於二十九年在廣東潮安韓山師範加入匪黨，已另案處決。）主持監誓。其後迭與黨徒莊金標、洪右、洪朝東、吳紹爐、黃蔡旺等秘密集會，張匪伯哲及洪匪麟兒，則經常以共匪謬論，灌輸彼等毒化思想，並宣揚大陸各地匪軍勝利消息，鼓勵各黨徒，積極吸收黨員，加強組織活動。嗣洪西以為求成績表現，除親著其子洪烱松參加匪黨組織外，並於其自宅，張掛匪旗暨陳設毛酋澤東小型肖像，誘惑當地同宗洪西坤、洪西串、洪西謀、洪西枝等四名，宣誓加入匪黨，仍由匪幹張伯哲前來監誓後，交洪麟兒領導。三十八年元月，該匪成「草屯支部」正式成立。洪匪麟兒為支部領導人，洪右、洪朝東任支部正副書記。未幾，因支部工作缺乏表現，遂由匪幹張伯哲另行指派洪西以、吳紹爐擔充正副書記職務。並授命於南投縣揭乾溪，建立武裝游擊基地，積極進行叛亂活動。曾於草屯街上及土地廟等處，利用夜間停電之際，秘密張貼反動標語暨散發傳單，從事為匪擴大宣傳，擾亂治安秩序。迨洪麟兒案發潛逸後，由洪西以代其收藏手槍兩枝，子彈二百餘發，及偽

六五

涉案人犯處理情形

姓名	性別	年齡	籍貫	出身	職業	參加匪黨時間	匪黨職務	處刑情形
洪西以	男	52	台中	粗識文字	業農	三七年一一月	匪草屯支部書記	參加叛亂之組織處有期徒刑七年
洪烱松	〃	23	〃	國校畢業	〃	三八年四月	匪草屯支部支部員	參加叛亂之組織處有期徒刑五年
林庚錦	〃	50	〃	〃	〃	三八年三月	匪南投支部支部員	〃
李舜娣	〃	25	〃	草屯農事職業學校畢業	營盤國校教員	三八年三月	〃	〃
李鎮州	〃	34	〃	國校畢業	業農	三八年十月	〃	〃
鄒淑靜	女	20	〃	台北女師畢業	南投第一國校教員	三八年六月	〃	〃
林進鳳	男	26	〃	國校畢業	業農	三八年八月	匪中部武工隊隊員	〃
林明傳	〃	27	〃	不識字	〃	三八年八月	〃	〃
吳紹爐	〃	23	〃	台中一中畢業	炎峰國校教員	三八年四月	匪草屯支部副書記	核准自首
洪右	〃	52	〃	公學校畢業	業農	三七年四月	匪草屯支部第一任書記	核准自新
洪朝東	〃	45	〃	公學校畢業	業商	三七年一一月	匪草屯支部第一任副書記	核准自首
洪西謀	〃	41	〃	不識字	業農	三七年一一月	匪草屯支部支部員	〃
洪西坤	〃	49	〃	〃	〃	三七年一一月	〃	〃
洪西串	〃	46	〃	〃	〃	三七年一一月	〃	〃
洪西枝	〃	37	〃	〃	〃	三七年一一月	〃	〃

判決文號及日期：本案經台灣省前保安司令部審判，於三十九年六月十五日安潔字第一一七〇號代電呈奉國防部（39）六月二十八日勁助字第三八六號批答核定。

檔案文號：（密）10138/617 （保）273.4/374

安全局機密文件所謂「匪『山地武裝組織』草屯、南投支部洪西以等叛亂案」首頁與判決名錄。

李鎮洲、林進風、林明傳等均係鄉愚農民，受洪麟兒、莊金標及在逃犯李漢堂之煽騙。洪西以於卅七年十一月七日在洪麟兒家，宣誓參加草屯支部，並任小組書記。經憲兵第八團第三營查覺緝獲，並在宅後搜出洪麟兒收藏之日造二十六式左輪手槍二桿（第二五九八三、四五七三號）日造十四年式子彈一五〇發，彈夾一個，三八式子彈七十五發，七九子彈十三發，及叛黨宣傳文件書籍等。

敘事者：綜合上述安全局機密文件及台灣省保安司令部三份判決書所載相關內容來看，劉哲源之所以招致刑死之厄運，大概就是因為他「參加」了這個張伯哲以降的「陰謀叛亂」的組織吧。儘管上述官方文件不曾提到劉哲源的名字及其與該「組織系統」的關係，我們如果根據既有的材料斷定劉哲源也是在這一波逮捕行動中失蹤的，應該也不算大膽。至少，在時間上，劉哲源恰恰是在其後的八、九月被捕的。

另外，在採訪過程中，周紹賢也向我提起過一則他事後想來頗為蹊蹺的往事。周紹賢說，在他們被抓走之前，有一天，市場上來了一個外省兵仔，在那裡叫賣一把卡賓槍刺刀。也許是好奇吧，劉哲源出了一個價。沒想到，那個兵仔卻馬上以更便宜的價錢賣給他。

周紹賢並沒有向我表白他對這件事的看法。也就是說，買賣一把刺刀的商業行為，究竟在劉哲源的案情上有什麼意義？我想，周紹賢肯定是感覺到其間必定有什麼關聯，卻又說不出個究竟吧。

對我們而言，如果也以判決書上的語言「據上論結」來看的話，也許那把刺刀的意義就出來了。簡單的說，是這樣吧：

南投地區工委會→草屯支部→雙冬武裝游擊基地（隊）

劉哲源是雙冬人，無緣無故買了一把刺刀，不就表示有參加所謂「武裝游擊隊」的「嫌疑」嗎？而刺刀不就是「罪證」嗎？至於賣刺刀者，也很有可能是「引蛇出洞」的人吧。

三、親友證言與溪畔冤墳

敘事者：推理是一回事，事實又是一回事。在確定完全沒有線索之前，我是不會放棄尋找的。因為訪談的最後，周紹賢提供了一條可能的線索，我於是就像當年抓人的特務一般，繼續循線追尋下去。

周紹賢告訴我，據他所知，與劉哲源同時被槍斃的還有兩個人。他又說我可以向一

一九九三年六月洪其中在六張犁亂葬崗。（蔡明德／攝）

個叫洪其中的草屯人打聽，也許他會比較了解劉哲源的案情。

不久以後，我就通過多年採訪建立的「朋友圈」，探聽到住在台北的洪先生的電話號碼。五月四日，我撥了一通電話聯絡。我先做了自我介紹。他說他知道我。我又接著表明採訪目的。經過一番說服工作後，他答應跟我見個面聊聊。時間約在六日下午四點整。地點是他家。

六日下午，我依約前往洪家。可是，我按了對講機，許久都沒有人回應。我的田野經驗告訴我，洪先生一定是有所顧慮，臨時爽約了吧。第二天，我又撥了個電話給他。他先是為前一天的爽約向我致歉，然後就一直推說他所知不多，我大可不必浪費時間再跑一趟等等。最後，經我一再說服，他說那就在電話裡談談好了。我於是隨手抓了一枝筆，作了一段電話採訪。

洪其中：我是在廿四歲那年被捕的，罪名是就讀草屯農校期間參與共產黨外圍組織的讀書會。同案被抓的還有六個人，但沒有一個是我農校的同學。我們甚至都互不相識。劉哲源就是其中之一。在保密局時，我雖然曾經與他同房一年多，但很少說話，彼此也不太了解。我記得，有一次，他被調出去偵訊，回來時說過他已經承認自己在學校時是讀書會的小組長。後來，我們又同時調離保密局，移送青島東路三號軍法處看守所。但沒有再同房過。大約是一九五〇年的五、六月吧，有天清晨，劉哲源等人被點名。當時我並沒有聽到，是同房拉醒我的。我於是起身，從押房的窗縫看著劉哲源靜靜地離開押房。

敘事者：關於劉哲源的「涉案」內容，洪其中的談話算是尋訪以來說得最具體的了。然而，歷史的迷霧仍然重重繚繞。

在南投採訪的那晚。我結束了與周紹賢的訪談之後，接著又去拜訪劉哲源的表弟廖維檳先生。

我在南投市區按址找到了廖先生經營的皮鞋店，隨即在店裡，圍繞著劉哲源的種種，進行訪談。

廖維檳：我出生於一九三九年。在我表哥劉哲源出事的一九五〇年前後，我不過才十一、二歲而已。我所理解的一切都是聽我親姑媽，也就是劉哲源的母親說的。我表哥劉哲源犧牲時，姑媽才不過四十出頭而已。每次回娘家，她都是哭泣滿面的……

敘事者：廖維檳的敘述，有關劉哲源的案情部分，並沒有什麼值得注意的內容。大體上也不出周紹賢與洪其中的理解範圍之外。教人聞之鼻酸的是，發生在劉哲源的母親及妻子身上的悲劇。說到這裡，他忍不住哭了出來。一會之後才又繼續哽咽著述說。

廖維檳：我姑媽就在那種悲慘的氣氛下傷心地過了一輩子。她死的時候都還在念著她的兒子……我講的絕對不是假話。還有，我記得一段插曲。大約在我表哥過世十年後，我姑媽因為思念兒子，就去問神明我表哥過得好不好？她回來時向我們娘家的人說，神明告訴她，劉哲源的胸口還有二個彈孔，還沒復原，天天都在流血，非常痛苦。不問還好，問了神明之後，她反而更悲傷，再過十年就抑鬱而死了。

我表哥劉哲源被捕時結婚還不到一年，其妻林氏也是草屯人。我表哥犧牲後，林氏因鄉里難以生存，到台北給人幫傭。在前途茫茫的情況下，她被一名外省籍警察拐婚。後來，她才發現這名警察已有妻室，於是離婚。幾年後，她在生活無依無靠之下，只得再嫁給一個「老芋仔」。

敘事者：我告別了廖維檳先生。大雨滂沱。我繼續在尋找劉哲源腳蹤的路上前進。周紹賢先生告訴我，劉哲源的姪兒劉國賢在雙冬派出所對面賣牛肉麵，找到他，就可以找到劉哲源的墓地。我於是在草屯把汽車轉往省道十四號公路，朝著埔里方向前進。大約九公里遠，汽車駛過坐落於暗夜的公路旁的雙冬派出所。我在下一個路口迴轉，然後在派出所旁的路邊停好車子。雨，已經停了。牛肉麵店的鐵捲門也已拉下了。鐵捲門左側牆上的小窗口還亮著一盞十度左右的小燈泡。從窗口望進去，暈黃的室內有幾張圓凳擺在桌上。裡頭似乎沒人。我試著用力敲打鐵門，一次、二次、三次……但一直無人應門。我於是驅車前往埔里，尋找一家便宜的旅店過夜。

第二天。清明節。中午時分，我再回到劉國賢的牛肉麵店。恰好，他在店裡。我向他表明身分及來意。他說他們一家剛從墓地掃墓回來，然後就騎機車載我到他家。劉家就在麵店旁邊不遠處的巷子裡頭。我和劉國賢到家時，他們幾個兄弟正要用餐。他們要我一起用個便餐。我於是不客氣地坐下來和他們邊吃邊談，同時也在他們的堅持下，喝了不少高粱酒。通過餐敘，我知道，劉哲源的父親和劉國賢的母親是當年目睹劉哲源被抓走的見證人。但是，劉哲源的父親已經過世多年了。因為這樣，飯後，我雖然有點酒意，仍然向劉國賢的母親，也就是劉哲源的嫂子，進行訪談。我想，關於劉哲源被捕，她的說法應該是比較接近事實的證言吧。

嫂子：劉哲源是被「騙」走的。時間大概是民國卅九年的八、九月吧。因為他被帶走時穿著汗衫、短褲。那天，有一個穿便服的陌生人突然來家裡拜訪。他先和我公公在房間裡談話。然後，我公公把小叔劉哲源叫來，讓那陌生人單獨和他「溝通」。當天晚上，那名陌生人就把小叔「帶走」了。究竟他把小叔帶去哪裡，我也不知道。

第二天，那個人又把小叔帶回家來。我聽到他用不太流利的閩南話跟我公公說他帶小叔去草屯，過一夜，就回來了。我公公要小叔帶些衣服去。那個人卻說不必。我小叔就穿著一件短褲、汗衫，跟著那個陌生的中年人走出劉家大門。從此一去無回。那年，他還未滿二十歲。

日子一天一天過去了，我小叔都沒回來。我們就知道事情不好了。我公公也自己一個人四處去探聽。很久以後，我們才知道他已經被關起來了。詳細，我也不知。可能是他寫信回來吧。我公公知道他被關在台北軍法處後，立刻就趕去探監。不過，他好像沒能見到小叔。

後來，有一個在台北做事的草屯人，在車站看到槍殺的告示，就打電話到雙冬青果社，說有一個姓劉的，是雙冬人。那時候，雙冬有兩個姓劉的被抓，另外一個是劉興政，已經被送去火燒島。所以，我們聽到說是雙冬姓劉的，就知道一定是小叔劉哲源被槍斃了。

敘事者：在劉家的訪談告一段落了。劉國賢又騎著機車，載我來到荒涼的烏溪溪畔的墳場。我跟在劉國賢身後，穿越剛剛割過雜草的墳地泥徑，終於在剛剛祭掃過的劉哲源的墳塚前目睹了那副滿含難以形容的悲與怨的對聯：

冤血留北地
枉身葬此城

彷若永遠無法被湮滅的時代烙印一般，那隨著時光消逝而有點模糊了的字跡，在我看來卻依然沉靜有力地控訴著歷史的不仁。不但教人觸目驚心，而且永遠難忘。

我向當年冤死的劉哲源合掌祭拜之後，離開了墳地，然後告別了劉國賢先生。

我繼續向南前行，尋訪劉哲源的遺孀林氏。廖維檳告訴我，林氏人住岡山，同時也給了我她的電話。

冤血留北地。（藍博洲／攝）

現在汽車從岡山交流道下來了。天色已經暗了多時。在第一個路口，紅燈亮了。我踩了煞車，停了下來。在等待中，我突然自問，為什麼還要去打擾人家呢？難道她受的苦還不夠嗎？綠燈亮了。儘管就調查研究者的立場而言，採訪林氏有一定的必要，可我卻不由自主地把車迴轉，再上高速公路，連夜北返。

後記

敘事者：一九九六年五月一日，應改編後《新新聞》周刊文藝版主編謝金蓉之邀，我根據已經採集的劉哲源資料，寫成初稿〈冤血．枉身．劉哲源〉一文，發表於同年五月十九日至廿五日的該刊「政治小說」欄。

幾年以後，隨著檔案局開放當年白色恐怖期間的官方檔案，我終於在逐件翻讀複印回來的成箱的發黃文件中找到了有關劉哲源的（40）安澄字第二四九四號起訴書。據該起訴書所載，一九五一年六月廿九日，台灣省保安司令部軍法處軍事檢察官蕭與規將劉哲源等以「叛亂案」罪名提起公訴，然後「敘述犯罪事實及證據並所犯法條於後」。

蕭與規：被告劉哲源，男，廿八歲，南投縣人，住草屯鎮雙冬里，業農，在民國三十八年間，由林其柏吸收參加草屯支部，擔任組長（見吳紹燻自白書第四頁），吸引劉其興（興政）、黃新煌等入夥，並負責計畫雙冬游擊及聯絡工作。

被告林其柏，男，廿三歲，南投縣人，住草屯鎮月眉里，係台北縣瑞芳鎮公所事務員，於民國三十八年秋間，經匪諜吳紹燻之介紹，加入在逃匪首洪麟兒領導之朱毛匪幫草屯支部組織，與劉哲源……等分任組長（見吳紹燻自白書第四頁），吸收劉哲源……等（見被告在保密局筆錄及自白書），並與吳紹燻密謀擴展組織，吸收新黨羽，以及策劃建立游擊根據地……。

被告劉哲源對上述等情已據供承不諱，但是否認加入組織後擔任組長之事實。惟證諸另案被告吳紹燻自白書載所吸收的青年林其柏、梁水盛、劉哲源都是……（按：其後幾個字原文無法辨識）被告確為草屯支部所屬組長已屬無疑。惟查被告擔任計畫組

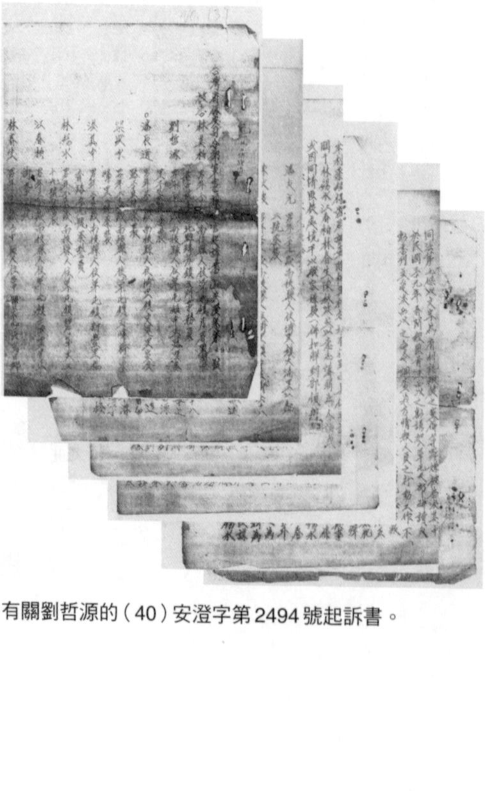

有關劉哲源的（40）安澄字第2494號起訴書。

織游擊及聯絡工作尚在預謀階段，除已觸犯懲治叛亂條例第五條參加叛亂組織，又有犯同法第二條第二項預謀叛亂之罪責。

敘事者：後來，我也通過因為參與六張犁事件的紀錄報導而逐漸熟悉的洪其中先生看到了他抄錄的台灣省保安司令部（40）安潔字第二八五一號判決書，據該部軍法處書記官杜蔭桐一九五一年七月卅一日筆錄所載，同年七月十八日，台灣省保安司令部軍法處審判官周咸慶在檢察官蕭與規「莅庭執行職務」下判決林其柏、劉哲源、梁水盛死刑。

周咸慶：林其柏係南投縣人，為台北縣瑞芳鎮公所事務員，於民國三十八年八月初，在南投縣草屯鎮，由碧峰國小教員，即另案判決之匪徒吳紹爊介紹，參加共匪組織，擔任小組長，即受吳紹爊領導，於同年十月間先後吸收劉哲源及在逃之吳進追等加入共匪組織……至三十九年二月後與吳紹爊即無來往。

劉哲源於上開時間經林其柏介紹，參加共匪組織，亦擔任小組長，並受命擬在雙冬地方發展組織，故於三十八年冬，先後吸收在逃之劉興政、黃新煌等參加其組織……

保密局偵悉，將林其柏等十名先後拘捕，轉解本部，經軍事檢察官偵查終結提起公訴。各被告各對其上開犯罪事實均矢口否認。但查該被告等於本年（四十）四月二十三日至二十五日在保密局均已承認不諱，錄供在卷（見保密局轉送防衛總部原卷），豈能任其空言狡卸。

綜被告等犯行均已至以非法之方法顛覆政府著手實施之程度，惟按所犯輕重分別量處。被告林其柏、劉哲源、梁水盛各處極刑，褫奪公權終身，以昭炯戒，全部財產除各酌留其家屬必需生活費外均沒收。

敘事者：這樣看來，如果上述判決書所載確是事實的話，劉哲源的組織上線就是與他同時槍決的林其柏了。而林其柏的組織上線就是草屯鎮碧峰國小教員吳紹燻了。那麼，關於劉哲源當年涉案的詳情，台中一中畢業，擔任「匪草屯支部副書記」，後來「核准自首」的吳紹燻，應該就是能夠說得清楚案情的唯一人證了。問題是，一九五〇年涉案時才廿三歲的吳紹燻，現在是否還在人間呢？即便還在，而且耳聰目明，尚未老癡，他願不願意回首往事，坦然相告呢？

我不知道我的尋找劉哲源之旅是否還有可能繼續進展下去呢？或者，就先走到這裡，歇歇腳，再看吧！

一九九六年五月一日初稿
二〇一六年二月十日二稿
二〇一七年七月十九日三稿

尋找大河遊魂

黃逢開

序曲．台北六張犁亂葬崗的墓石

敘事者：一九九三年五月廿八日，歷經數十年的輾轉尋找後，苗栗縣銅鑼籍的五〇年代政治受難人曾梅蘭終於在一個偶然的機會，在台北六張犁亂葬崗的一處竹叢下，找到了刻有哥哥徐慶蘭三個字的一塊字跡略顯模糊的、矮小的墓碑。他擦了擦不斷地從額頭上流下來的汗水，回頭望了望山下籠罩在一片迷霧般的煙塵中的城市景象。這時，他彷彿又看見一九五二年八月八日黎明前軍法處看守所的騷動景象了。他聽到押房裡響起了殷啟輝、黃逢開和徐慶蘭的點名聲，然後就是他們三人從容地走出押房的腳鍊拖地聲。他極力地朝著前軍法處看守所，也就是早已改裝為五星級飯店所在的方向望去。他想要穿過重重的煙塵，努力找回四十一年前的歷史畫面。

曾梅蘭並不認識殷啟輝這個人。但是，黃逢開他是知道的。就在哥哥徐慶蘭過世以後，他在長達十年的囚居歲月中曾經聽到有關哥哥跑路時候的一些消息。記得是一個家住苗栗縣獅潭鄉仙水坑的同鄉難友張錦秀在形勢沒那麼緊張的時候告訴他的。張錦秀說，哥哥徐慶蘭和黃逢開，還有張錦秀他自己，三個人是一起被捕的。當時，哥哥徐慶蘭和黃逢開在張錦秀那裡幫忙割香茅。因為這樣，十年刑滿出獄後，為了尋找屍骨無蹤的哥哥徐慶蘭的下落，曾梅蘭也曾去過三灣鄉大河底黃逢開家拜訪。他才知道，原來黃逢開跟哥哥一樣，因為家人無力籌湊收屍費用，同樣也是屍骨無蹤。

現在，曾梅蘭欣喜之餘也不禁想到，這裡既然有他哥的碑石，那一定也會有黃逢開的碑石吧。畢竟他們是同一天被喊出去的啊。想到這裡，他於是趕緊彎下腰，繼續揮動手上的鐮刀，由近而遠，一路把徐慶蘭墓碑周邊的雜草割下去。就這樣，當

一九九三年五月廿八日苗栗縣銅鑼籍的五〇年代政治受難人曾梅蘭偶然在台北六張犁亂葬崗找到哥哥徐慶蘭的墓塚。（蔡明德／攝）

黃逢開的墓碑。（藍博洲／攝）

他割了三尺寬的地方時，又看到一塊跟他哥徐慶蘭同樣大小的碑石。他興奮地用雜草把它擦乾淨，然後湊前去辨認：

殷啟輝

果然沒錯。曾梅蘭告訴自己。他對找到黃逢開的墓碑更有信心了，於是就繼續把草割下去。他割呀割底，沒多久，又在殷啟輝墓碑隔壁三尺寬的地方發現另外一塊墓碑。他同樣先用雜草把它擦乾淨，然後湊前去辨認墓碑上所刻的名字。不出所料，他看到那塊猥小的石碑上刻著：

民國四十一年八月八日

黃逢開

一、佃農之子

敘事者：關於黃逢開，我們在李敖出版社一九九一年十二月三十一日翻印的安全局機密文件《歷年辦理匪案彙編》第二輯「匪台灣省工委會苗栗地區銅鑼支部黃逢開等叛亂案」第三二六頁「綜合檢討」欄看到這樣簡略的記載：

「黃匪逢開，僅受日據時期公學教育，知識有限，且一向以農為業，見聞不廣。」

那麼，一個「僅受日據時期公學教育，知識有限，且一向以農為業，見聞不廣」的農民黃逢開為何會成為台北六張犁亂葬崗竹叢下的一個遊魂？我們不妨回到他的故鄉從頭找起吧。

黃逢銀：我哥黃逢開生於日據時代的一九二六年十月廿九日。我家在現在的苗栗縣三灣鄉大河村神桌山山腳下，小地名叫做三洽坑。世代做佃農。我媽黃羅冬妹，民前八年生，育有二男五女。我哥是家裡的長男，生肖屬虎。我爸黃春標，原本以做粗紙（金銀紙）維生，後來因紙價不好便改行務農，以佃耕維生。他在原來浸泡竹子的湖塘底蓋了一間簡陋的茅屋，讓一家人勉強有個遮風避雨的窩。

那時候，大河底還沒有設立學校。我哥就去南庄的大南埔公學校讀小學。雖然每天都要走好幾公里路去上學，他也不怕辛苦，很認真讀書，所以一直拿第一名。後來大河底公學校成立了，他就轉回來讀。所以他是大河底公學校第一屆畢業生。然而，地主規定繳交的租穀實在太重了。我爸再怎麼努力耕種，繳了租穀以後，一家人還是沒得吃，也就更談不上讓我哥上學了。因為這樣，我哥在大河公學校畢業後就不再有機會升學，留在家裡幫父親務農。後來他也曾出去做燒炭工人。

黃逢開與大河底公學校第一屆畢業的同學。（藍博洲／翻攝）

黃鳳美（右一）與哥哥姊姊。（藍博洲／攝）

太平洋戰爭期間，我哥被征調去當了兩年的日本兵。我記得他好像是在南庄訓練所訓練的。做兵回來，他仍然在家裡耕田、燒炭。

黃鳳美：我是民國廿九年（一九四〇年）出世的。我大哥黃逢開比我大十四歲。我記得，他的頭腦很好。我和我姊小的時候，他還教我們讀過《三字經》、《百家姓》。我們讀小學的時候，他也經常鼓勵我們努力讀書，畢業後繼續考初中。但是，我們還沒畢業，他就被抓了。

敘事者：通過黃逢銀的介紹，我在大河底的山凹仔採訪了同樣在五〇年代白色恐怖期間入獄，與黃逢開同年出生的公學校同學廖紹崇先生。

根據前台灣省保安司令部（41）安潔字第三五三三號判決書所載，廖紹崇於一九四九年秋間由其兄廖宏業及「叛徒」黃榮貴介紹，參加「農民團」組織，集會四次，聽講推行「反三七五減租」及「吸收黨羽」等問題。一九五一年十二月間與其兄廖宏業同往苗栗縣警察局自首。惟於自首時未將林新盛、李成龍、黃榮貴等組織關係供出。事由苗栗縣警察局偵悉，將廖宏業、廖紹崇一併押轉解保安司令部軍事檢察官偵查起訴。一九五二年十二月以「參加叛亂之組織」處有期徒刑五年，褫奪公權三年。

廖紹崇：黃逢開，我們都叫他阿開仔。他和我在大河公學校讀書的時候同班。他算是優等生。那時候大河公學校一個年級有一班。我們那一班當時有好幾十個人，每一學期，學校老師都會按照我們的考試成績調整座位，考試愈高分的人座位就坐愈後頭。四年級時，我記得，我們班上坐最後一個的是黃文和。阿開仔坐倒數第二個。倒數第三個則是我。後來，包括我們三個，還有彭新貴、江能水和徐方亭等同班同學，都在五〇年代白色恐怖期間分別被捕，並且被處以槍決或十三年以下不等的有期徒刑。

阿開仔個性剛直。那時候同學之間有分派，偶爾會因為某些意見不合而起衝突。在我的印象中，阿開仔最會打架。他在所有同學中體格最好，用手刀打人最厲害。

畢業後，阿開仔和我一起被徵調去當日本兵。在部隊裡，客家人因為是少數，經常會被福佬人欺負。當時部隊的編制是一班分三組。原是新竹南門國小校長的日本人班長木村很疼客家人，於是就把客家人另編一組為第三組。我被指派為第三組組長。阿開仔不想當日本兵就假裝腳爛疤，看看能不能因此而被遣返回家。但是他終究還是得乖乖當兵。後來北埔客家籍的炊事班長告訴我，說他們炊事班需要一個煮飯的炊事兵，他希望找個客家人去。我就設法讓同組的阿開仔去。因為這樣，阿開仔當兵的那陣子反倒吃得很胖。

做兵回來後，我和阿開仔各自為生活忙碌，很少在一起。關於阿開仔，我就只知道這些情況，其他的事情我就不清楚了。

我這裡不是什麼大山，住家又多，不是容易藏身的地方。阿開仔後來跑路時也不曾來找過我。後來我也聽到阿開仔被抓的風聲。但是詳細的究竟，我也不太清楚。一直到阿開仔被打掉後，我才因為受到其他人的牽連而被抓去坐五年牢。

二、銅鑼支部

敘事者：關於黃逢開的案情，我們在安全局機密文件《歷年辦理匪案彙編》第二輯「匪台灣省工委會苗栗地區銅鑼支部黃逢開等叛亂案」第三二四頁「案情摘要」欄看到如下的記載：

「黃逢開於民國卅八年八月間，經匪幹廖天珠介紹參加匪苗栗地區銅鑼支部，與彭南華、江添進等匪為一小組，由彭匪擔任小組長，直接受廖匪領導，經常舉行小組會，研讀匪黨書刊文件。並進行為匪宣傳，及積極吸收黨徒，擴展組織，以圖建立農村基層叛亂力量，俟機為匪軍犯台內應。先後經黃匪吸收參加者，有劉清玉、劉榮錦、張阿才、許木生、溫龍水等人。並向劉榮香、劉登興、劉清泓、鐘阿輝等煽惑為匪未果。」

安全局機密文件《歷年辦理匪案彙編》第二輯所謂「匪台灣民主自治同盟竹南支部曾文章等叛亂案」第四十二頁說，廖天珠、彭南華都是一九四八年間建立的所謂「匪台灣省工委會所屬竹南地委會竹南支部」在苗栗縣南庄、三灣、大河底等地的「重要匪幹」。彭南華負責代名為「櫻第二組」的三灣第二小組的基層機構，並已發展至紙湖村一帶。同年秋天，他與鄉公所同事孫阿泉向佃農宣傳鼓動農會為佃農之農會，同時培植群眾領袖及前進分子出來競選農會理幹事，而在四十名農民代表中一舉贏得廿六名，並讓支持者當選理事長。一九五〇年三月一日，國防部保密局在該地區展開搜捕行動。彭南華與廖天珠等其他重要「匪幹」皆在事前「聞風逃遁」。（第四十七頁）

通過黃逢銀的介紹，一九九四年五月我在苗栗頭份採訪了廖天珠先生。經過一番曲折的尋訪聯繫之後，我終於也在台北第一次採訪了自稱無顏見江東父老而蟄居景美的彭南華老先生。其後，因為黃逢銀等人一再勸他不必這樣，說他也沒做什麼見不得人的事情，大家不會怪他的。這樣，他才有勇氣再回三灣故鄉與那些倖存的老友敘舊。也因為這樣，一直到他於一九九八年三月逝世之前，我也多次在大河底聆聽了他與其他政治受難人共話不堪回首的往事。

安全局機密文件所載事情的真相究竟如何，我們不妨聽聽他們自己的說法。

黃逢銀：台灣光復以後，我哥一直在家耕種。後來，因為花生油的價錢很好，他也打了兩年的花生油。第一年，他先去跟人家學，終於把花生與水的比例搞清楚了。第二年，他就自己做師傅。結果，他雖然可以用一百斤花生打出兩斤的花生油，但是花生渣的量卻不夠給人。因為這樣就失敗了。一段時間後，大概是民國三十八年前後吧，他就去三灣街上，給一個叫廖天珠的人開的碾米廠，做了大概一年。後來我也聽到一些相關的人說，起初我哥是讓鄰居彭南華吸收而加入組織的，但是後來卻是由廖天珠教育出來的。當時我只知道我哥在碾米廠做事，卻不知道他在那裡搞些什麼？我想，因為我還小，我哥也不敢讓我知道這些事情吧。

廖天珠（藍博洲／攝）

廖天珠：首先，我要說的是，安全局有關我個人的這些檔案記錄都不是事實。沒錯，江添進與彭南華都是我在三灣鄉公所的同事。黃逢開，我小時候就認識了。我們都叫他阿開仔。一九四六年，我辭掉鄉公所的工作，自己在三灣街上搞了一家打油行。阿開仔曾經在我那裡工作了一段時間。後來，油打完了，他就很少來找我。

我之所以會牽連到五〇年代白色恐怖的事件，簡單一句話可以說是被國父孫中山先生的「三民主義」害的。我入中學時開始嘗到被殖民統治的滋味。我的民族意識也在日本人的歧視下萌芽。一九三九年畢業後，我就到三灣庄役場（鄉公所）就職，但內心卻念念不忘回到祖國。在皇民化運動推行得最熱烈的時候，我的上司不斷地勸我辦改姓名手續。我始終無動於衷，而且經常藉機鼓勵身邊的親友，說日本只能統治台灣五十年，台灣很快就會回歸中國。這是我父親生前經常對我說的。為了迎接這即將來臨的預言，我開始偷偷閱讀周佛海的《三民主義》日譯版，同時也學唱國歌。然而，台灣光復，當歡慶的鞭炮聲、大鼓聲、歡呼聲還在耳邊迴響，遊行隊伍滿街飄揚的國旗還在眼中浮現未散的時候，我們的期望很快就煙消雲散了，失望緊跟著全無紀律的國軍擺在我們的眼前。我對回歸之後的社會亂象感到悲痛，同時也開始憂慮國家未來的前途。

一九四七年春天，亂局終於導致了二二八慘案。事變後，我因為對社會現實感到悲痛、疑慮與迷惑，於是開始自己摸索挽救亂局之道。我又讀了中文版的國父的《三民主義》，從而確信：拒當西方列強的奴隸，必須以民族主義圖自強。政治的權力應當由人民來掌握。社會問題是民生問題，民生主義便是社會主義。要使國家富強必須先發揚民族主義，再落實民權主義，進而實行民生主義來解決人民的生存問題。而蔣政權卻與三民主義背道而行，是三民主義的叛徒。

後來，我和鄉公所同事孫阿泉等一群富有民族精神、愛鄉愛國的年輕熱血漢子就常找機會聚在一起，討論國家的政治前途，尋找救國救民的道路。經歷思想上一番盲目的探索後，我們終於放眼看到大陸上的中國共產黨受到全民擁戴，提倡「新民主主義」，而且認為能夠挽救貧窮紛亂的中國轉為富強安定的，非它莫屬。至於黃逢開，有參加沒參加組織，我也不知道。我想，如果他有走這條路的話，應該是彭南華那個系統的人吧。

彭南華：我和阿開仔同樣都是大河底的人。我一九一一年出世，比阿開仔大十五歲。十五歲那年，父親病逝，大我六歲的哥哥就獨自移民後山花蓮謀生。三年後，我也帶著母親及全家移民過去。我僥倖考上花蓮郵局配達員，並且因為對日本人與台灣人之間的民族差別待遇感到不滿，而產生了更加強烈的反日民族意識。有一次，我不顧一切後果，和一個欺侮台灣人的日本警察打了起來。受了這個刺激以後，我就辭去郵局的工作，想去大陸投奔蔣介石，參加抗戰。我在廿七歲那年結婚。婚後，因為在花蓮沒事可做，也為了避免被調去當日軍軍伕或通譯，於是就到桃園做工，開闢機場。這段期間，對日本的殖民統治不滿的我仍然經常與日本人打架。兩年後，桃園機場的工事完成了。我就帶著妻子和兩個年紀還小的小孩回到大河底老家，靠著打零工勉強維持一家談不上溫飽的生活。這時候已經是大戰末期了。

台灣光復後，我一方面在三灣鄉公所總務課任職，一方面也擔任地方青年自發組織的三民主義青年團團長。我們除了經常集會討論時事，研究三民主義，也負責維持地方治安，調解民間糾紛。我因為在三青團團長任內做了很多為民眾服務的社會工作，在三灣鄉的名聲就一天一天紅起來了。二二八事變發生後一段時間，共產黨在三灣地區的組織就通過鄉公所同事江添進來吸收我了。

我加入共產黨的組織後，先是吸收了在三灣開精米所的廖天珠。後來，廖天珠就把他吸收的，在他的精米所幫工的，一個叫做黃逢開的同村青年，交給我領導和教育。在我的印象中，阿開仔是一個熱血的農村青年。一開始，他並不認識革命的道理。不過，當他慢慢理解形勢，認識到自己的生活與處境處於被剝削的狀態後，階級意識也就自然被喚醒而覺悟了。

三、神桌山讀書會

敘事者：安全局機密文件《歷年辦理匪案彙編》第二輯「匪台灣省工委會苗栗地區銅鑼支部黃逢開等叛亂案」第三二六頁「綜合檢討」欄又載：

> 「黃匪逢開自參加匪黨組織後，經匪幹不斷灌輸思想毒素，不但為匪工作活動積極，且執迷於匪黨邪說，不知幡悟，仍圖頑抗到底。」

據廖天珠和彭南華說，他們曾經和黃逢開及其他地方幹部一起參加了在神桌山舉行的幹部學習會。

一九九二年三月四日，我在台北嘉興街，原「東區服務隊」隊員蕭道應醫師家裡，第一次見到組織神桌山讀書會的黎明華先生（一九二三—一九九七），並在他過世前持續進行著正式或非正

從大河底遠望神桌山。（藍博洲／攝）

式的採訪。與此同時，我也經由他的引介，在苗栗頭份採訪了參加讀書會的宋松財老先生等人。

黎明華：我是廣東梅縣客家人。一九四二年冬天參加丘念台領導的抗戰組織東區服務隊。一九四四年初轉入廣東人民抗日游擊隊東江縱隊。一九四六年十一月來台謀職，先後在台北商校、基隆中學與中壢義民中學等校擔任教職員，同時也投入革命，領導桃竹苗客家地區的農民運動。

一九四九年，大概是八月廿六或廿七日吧，基隆中學事件發生以後的第三天，我和領導人張志忠會面，向他報告基隆中學發生的狀況，並向他表示我必須即刻離開義民中學。張志忠就安排我與另一同志老洪（陳福星）會面。老洪就帶我到苗栗三灣鄉內灣村一個叫孫阿泉的同志家裡。以後，我就以孫阿泉的家為中心，繼續在竹南地區進行地下的農民運動。

孫阿泉

幾個月後，也就是十二月的時候，張志忠要我把竹南地區的幹部集中起來，辦一個相當於幹部訓練的學習班，進行思想上的學習整訓。我於是商得一個家住神桌山的積極群眾劉鼎昌老先生的同意，完全無條件地提供竹園裡的一個山寮，舉辦學習班。這個學習班一共有十六個人參加，大部分是當地的農民、小商人和中小學教員。外地人除我之外，還有原本在中壢農校教書的鍾蔚璋和徐新傑（化名徐邁東）。他們與我一樣，都是從廣東來的客家人，也是東區服務隊隊員，在組織上一直由我聯繫。當我從義民中學撤退時，老洪也把他們一起帶來。我再把他們接到神桌山劉鼎昌家掩蔽。

學習班由張志忠主持。他特別提供了幾份學習文件。我記得有〈怎樣做一個共產黨員〉和〈論共產黨員的修養〉，其他參考文件還有毛澤東寫的〈把革命進行到底〉、〈新民主主義論〉和〈論人民民主專政〉等。經過整整一個星期有系統的學習、討論後，那些地方幹部都感到在認識上、思想上已經比學習以前充實了很多。他們也理解到，中國共產黨領導的無產階級革命基本上是為了推翻帝國主義、封建主義與官僚資本主義在中國統治的新民主主義革命，還不是共產主義的革命。

宋松財：一九二一年，我出生於大河底的一個佃農家庭。因為家貧，我只在私塾受過兩年的語文教育。我從小就有強烈的反日民族意識。七七事變之後，每年的十月十日，我和地方上的黃元雙、余炳欽及余作木等幾個好友都會祕密聚會，慶祝國慶。台灣光復後，國民黨代表的「白色祖國」很快地讓我失望了。二二八後，我通過在南埔國小做教員的鄰居黃昌祥認識了孫阿泉，又與黃昌祥及田美國校教員蕭春進一起搞讀書會。歷經一番尋訪與學習，我找到了一個新的身分認同，並且參加了地下組織，在農村發展「新民主主義」的農民活動。

一九四九年十二月，孫阿泉跑來找我。他對我說，組織要在神桌山開一個祕密的讀書研究會，時間是十二月十六日，地點在一名叫作劉鼎昌的群眾的竹園下的田寮中。十六日當天，我就自行前往神桌山劉鼎昌兄的舊田寮。天黑以前，其他人也都陸陸續續從不同的地方趕到。我記得參加的人數大概有十五個或是十六個。其中，我原本就認識的有江添進、孫阿泉、曾興泉、彭南華、李旺秀、劉雲輝、張南輝、廖天珠和黃逢開等人。他們都是頭份、三灣、南庄一帶的人。另外還有幾個外鄉人：老洪、長腳仔（曾永賢）、小劉（黎明華）、阿東牯（徐邁東）和鍾蔚璋（他當時的化名是什麼我已經記不得了）。他們當中，除了老洪是台南的

宋松財（藍博洲／攝）

福佬人外，都是客家人。長腳仔是銅鑼那方面的人。小劉、阿東牯及鍾蔚璋都是大陸過來的廣東客。

黃逢開是我們大河底的熱血青年，因為同庄的緣故，我當然認識他。平常我都叫他阿開仔。當我在神桌山的學習會議上見到他時一點也不感到意外。我想，像他那樣正直的人自然會走到這條路上來的。

第二天起，我們就在老洪的主持下共同研讀、討論了各種雜誌、《光明報》、五一文件，以及毛澤東的〈新民主主義論〉和王稼祥的〈論黨〉……等文章。第三天早上，江添進又從山下帶來一個名叫老吳的陌生人，加入我們的讀書會。老吳這個人話不多，卻總是在一邊提出一些問題，讓大家討論、思考。我印象最深刻的是，他曾經提過一個問題引起我們熱烈的討論。他問說，我們中國曾經在歷史上有過光榮的歷史，可是這一、二百年來為什麼卻跟不上人家？一直要到後來我才知道，原來老吳就是地下黨主要領導人之一的張志忠。

神桌山的讀書會在廿三日中午結束。吃過飯後，大家就各自下山。

黎明華：學習班結束後，張志忠就離開我們這個地區。我們也分頭回到各自的工作崗位。到了舊曆過年（一九五〇年二月十七日）前的某天，吃過晚飯以後，有一個陌生人來到孫阿泉家，說是要找「阿川」。當時孫阿泉不在家。我就出來見他。因為「阿川」和「阿泉」的客家話發音差不多，我於是用客家話問來人找阿泉做什麼？那人說，老吳叫他把這個皮箱交給我們，並要他告訴我們，台北的形勢很緊張，他最近就會下來，和我們開會討論重要的事情，希望我們趕快把竹南、苗栗地區黨組織的重要幹部集中起來。那人把那只皮箱交給我，然後就要離開。我客氣地留他過夜。他推辭說台北還有很多事，一定要趕回去處理。大概八點多，那人就走了。

老吳，是張志忠在竹南地區活動時的化名。除了組織內部的核心成員，一般人不會知道。從這點來說，這個陌生人的身分應該沒有什麼好懷疑。儘管這樣，因為從來沒見過這個人，他又是自己突然來的，所以我對他的身分還是感到懷疑。我於是把那只皮箱打開來檢查。我看到，裡頭有一件張志忠經常穿的西裝上衣，一條領帶，一只收音機，

匪台灣省工作委員會叛亂案

偵破時間	地點
三十八年十月三十一日至三十九年二月十六日	台北、台中、高雄、基隆等地

匪諜及處理情形

姓名	年齡	籍貫	處刑
蔡孝乾	四六	台中	自新
陳澤民	四二	福建	自新
洪幼樵	三五	廣東	自新
許敏蘭	二五	安徽	自新
蔡寄天	三二	廣東	自新
陳定中	二六	廣東	自新
陳克鳴	二七	廣東	自新
馬雯鵑	一七	江蘇	自新
張志忠	四四	嘉義	死刑
謝富	四六	台中	死刑
林青	二六	廣東	刑十五年
張世藩	二九	廣東	刑十五年
李振芳	四七	台北	刑十五年
楊克村	三八	彰化	刑十五年
林坤西	四四	台中	刑三年

判決文號及日期	死刑執行日期
一、國防部四十年三月三十日則副字○四一九號代電及四十三年三月十二日清澈字七五一號令核定。	二、四十年四月三日及四十三年三月十六日分別執行

案情摘要

共匪中央於三十四年八月，派蔡孝乾為台灣省工作委員會書記，蔡匪於同年九月由延安出發，間道潛行三個月，於同年十二月始抵江蘇淮安，向匪華東局（原稱華中局）書記張鼎丞，組織部長曾山，洽調來台幹部。三十五年二月，蔡匪率幹部張志忠等，分批到滬，與匪華東局駐滬人員會商，并學習一個月，同年四月，首批幹部先由張志忠率領由滬搭船潛入基隆，台北開始活動。蔡匪於同年七月，始潛台領導組織。并正式成立，「台灣省工作委員會」，由蔡本人任書記，直接領導「台灣學生工委會」，「基隆市工委會」，「台灣省山地工委會」，「台灣郵電職工工委會」，「蘭陽地區工委會」，「台北市工委會」，「台北峯地區工委會」等機構工作（後交由徐懋德統一領導）。先後并以陳澤民任副書記兼組織部長，領導台南、高雄、屏東等地區工作。洪幼樵任委員兼宣傳部長，領導台中、南投等地區工作。（後交由張伯哲領導）張志忠任委員兼武工部長，領導海山、桃園、新竹等地區工作（後交由陳福星領導）。案經保密局偵悉破獲。

張志忠是地下黨主要領導人之一。

一把白朗寧手槍和三十多顆子彈。沒錯，我心裡尋思道，這些都是張志忠隨身的重要東西。可我還是無法就這樣輕信，於是又把那支白朗寧手槍拿起來仔細檢查。這才發現，手槍的彈匣有點故障。我於是分解手槍，詳細檢查內部的零件。我發現手槍的撞針已被鋸掉了。當下我就作了這樣的判斷：張志忠可能已經被捕了。那個人一定是偽裝的特務。他的目的是要把我們一網打盡。我於是立刻設法跟老洪會面，向他報告這個突發的狀況。經過緊急研商以後，我們決定把竹南地區十幾個有可能已經暴露身分的重要幹部全部撤離，分頭疏散到桃園地區或苗栗地區。因為這樣的布置，結果，情治單位一個也沒抓到這些幹部。可頭份、三灣、南庄一帶卻有五、六十個無辜的鄉民被捕入獄。

宋松財：從神桌山下來後，某天晚上，阿開仔突然跑來找我。他神情嚴肅地對我說，組織要他來通知我，孫阿泉、廖天珠、江添進、曾興成和彭南華都已經脫離家庭轉入地下了。他要我自己也小心一點。幾天後，阿開仔又來向我轉達上級要我立刻脫離家庭轉入地下的指示。他並沒有告訴我這個上級是誰？我也沒有問他。可是我並沒有按照上級的指示行動。我覺得，我的地方還沒有聽到什麼風聲，如果突然離開，在地方，反而對我的影響更大。然而，為了小心起見，我還是暫時沒有回家過夜。一連幾個月，我白天仍在外頭做生意，晚上就到別處過夜。算是處於「半地下」的狀態。

到了一九五〇年三月，我先是聽到大河底有許多與組織沒有關係的一般農民，如羅慶增與江清貴等人被捕的風聲。再過二、三天，我又聽到徐木生、湯天忠與阿開仔也被抓的消息。還好，阿開仔被抓後又乘機逃脫，立即轉入地下。一直到現在，我們都找不到確切的線索來說明阿開仔的身分為何暴露的問題。

四、大河底的風暴

敘事者：安全局機密文件《歷年辦理匪案彙編》第二輯「匪台灣省工委會苗栗地區銅鑼支部黃逢開等叛亂案」第三二五頁「偵破經過」欄另載：

「卅九年三月間，苗栗縣警察局據運用線民報以黃逢開係匪黨分子，經常在銅鑼、三灣一帶活動，甚為積極。曾派員前往查緝，因黃匪住處複雜，且在夜間行動，部署欠周，被其乘隙逃逸。乃飭屬廣布線網，嚴加追緝歸案。」

據此看來，要不是有線民密報，黃逢開的身分是還不會暴露的。問題是，這個線民又是誰呢？是大河底的村民嗎？羅慶增、江清貴與湯天忠等大河村民的被捕與此有關嗎？

安全局機密文件《歷年辦理匪案彙編》第二輯所謂「匪台灣民主自治同盟竹南支部曾文章等叛亂案」另載，羅慶增被捕當時的職業是「三灣農會代表」，一九四九年十月參加「匪偽組織」，在「匪黨」裡頭的職務是「匪農民團分子」，因此以「參加叛亂組織」之罪處刑。至於他由何人吸收參加組織？乃至於具體的「叛亂」活動，在該案的內文中卻完全沒有提到。

上個世紀八〇年代末期，我有機會在苗栗地區老政治犯聚會的場合碰到羅慶增（一九二二—）、江清貴（一九三一—）與湯天忠（一九二五—）等老先生。我聽到羅慶增總是以他素樸的階級觀點和他的難友們討論各種問題。湯天忠不時地說著自嘲的笑話。江清貴總是沉默著聆聽。羅慶增和湯天忠講到過去坐牢的遭遇後總是習慣性地無奈地哈哈笑著。而陽光正照耀著他們滿頭的白髮及燦爛的笑容。

一九九二年五月起始，我分別在苗栗頭份和三灣，第一次採訪了羅慶增、江清貴和湯天忠老先生。也許是

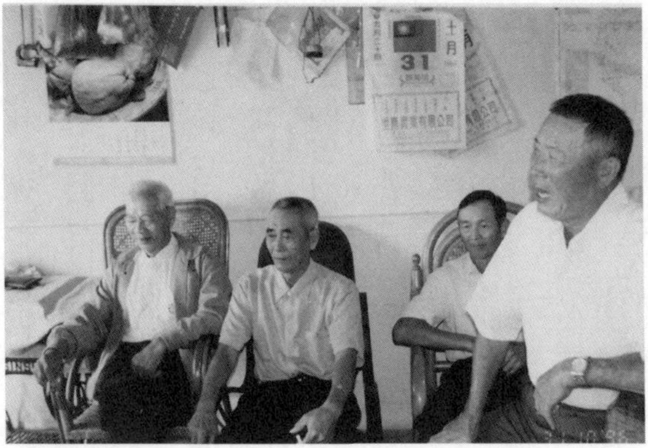

羅慶增、江清貴與苗栗地區老政治犯聚會。（藍博洲／攝）

他們對我陌生，或者是心中的餘悸猶存。第一次採訪都不是很順利。後來，我仍然不時會去找老先生們聊聊，一次、兩次、三次之後，我終於初步採集了他們的白色記憶了。雖然他們的被捕與黃逢開沒有直接關聯，卻也能夠從側面反映當年大河底政治風暴的情景。現在就讓我們靜下心來聽聽他們的證言吧。

羅慶增：我出生於大河底枇杷窩的佃農家庭。從小，我就要幫忙做田。大河公學校畢業後，我就在家耕田。佃農的兒子還是佃農。一直到被抓進去關以前，我對中國字並沒什麼認識。

一九五〇年四月二十日晚上，差不多十一點左右。在睡夢中，我突然被一陣敲門聲驚醒。我下了床，走出去，打開門。我看到有七、八個人站在門口。其中一人對我說要戶口調查，叫我到派出所走一趟。我不能拒絕，只好跟著他們走。走沒多遠，他們就把我銬起來，推上一輛停在路邊沒有熄火的「拖拉古」（卡車），直直把我送到竹南分局。他們就在刑事組的一個小房間問我話。他們先問我認識黃順錦、江添進，還有彭南華、黃逢開他們嗎？我說黃順錦和江添進是我同學，彭南華和黃逢開同是大河底人，怎麼會不認識呢？他們又問我知不知道他們在做什麼事情。我說我不知道。他們再問我知不知道他們現在跑到哪裡去。我說我也不知道。結果，我就被關了起來。大概有二十天吧，他們才叫大河底的村長來保我出去，並且叫我一定要去把我那些不在家的同學和朋友找出來。

我回家後，也不知道要到哪裡去找他們，所以就一直沒去找。這樣，差不多一個多月後，竹南分局的刑事又叫我回去。這次，我被疲勞審問搞了三天兩夜，只要我說不知道，他們就馬上拷打我，叫我坐「老虎凳」，或者踩我的「腳囊肚」（腿肚子）。我的一隻腳走路不方便，就是被那些刑事踩壞掉的。

江清貴（藍博洲／攝）

事實上，江添進、彭南華和黃逢開他們究竟在做什麼事情？我也不清楚。所以經過一段時間的刑訊後，我還是沒承認什麼。可是那些刑事不死心，他們認為我年紀輕輕的就可以做農會代表，還做過村長，一定是和那些人同路的人。他們根本不聽我的話，強強打，強強逼。逼到最後，就認定我是搞怪（頑劣）分子，強迫我在那些刑事寫的口供上頭打手印。然後把我轉送到桃園警察局，再到台北刑警總隊，再轉情報處，最後到軍法處，判了十二年徒刑。

江清貴：我是大河村農民。一九五〇年年尾的一個晚上，我在睡夢中突然被一陣粗暴的敲門聲吵醒。我看了一眼牆上的掛鐘。時間大約是半夜兩點鐘左右。半年前，我就聽到風聲，說村子裡的黃順欽老師和隔壁大坪村的鄉公所戶籍課員江添進被通緝了。所以我有點擔心是不是和他們的事情有關。我披了一件衣服，下床去開門。幾名帶槍的陌生人迎面進來。他們沒有表明身分。我也搞不清楚他們是便衣警察或是特務。他們什麼話也沒多說，就叫我帶上身分證，到派出所走一趟。我雖然感到害怕，還是鼓起勇氣，問說我又沒做什麼壞事，那麼晚了，要我到派出所做什麼？其中一人不耐煩地說叫你去，你就去，囉嗦什麼。另外一人接著才口氣比較溫和地說例行的戶口檢查，走吧。我只好拿了身分證，無奈地跟隨他們走去大河派出所。一路上，他們又沿途帶走了幾名跟我一樣搞不清楚狀況的村民。到了派出所，他們什麼話也沒問，就把我們推上一輛停在門口的大卡車，然後把我們載到竹南分局。在分局，我們就被一個一個叫去問話。我一進去，他們就問我認不認識江添進？我老實回答說認識，他是鄉公所的戶籍課員，住在隔壁村。他們接著又問黃順欽呢？我還是照實回答說他是大河國小老師，當然認識。他們沒再問我什麼，也沒說要讓我回家，就把我跟其他人一起關在拘留所。

兩個星期後，他們又把我叫出去，語帶威脅說我現在沒事了，可以回去，但是一定要去把江添進和黃順欽找出來。回家以後，我就每天帶著飯包，四處打聽江添進和黃順欽的下落。一個月後，我又被叫回竹南分局問話。這次，就不像上次那麼好過了。他們先問我有沒有什麼消息？我回答說沒有。他們就開始對我用刑，要我老實講，不可以隱瞞。我雖然被刑得受不了卻也只能照實說我四處打聽還是打聽不到任何消息。我被折磨了一個晚上後才又押回拘留所關起來。第三個晚上，我又再被叫出去，坐了兩個鐘頭的老虎凳。我的汗衫都整件濕透了。最後，他們又叫我在筆錄上按手印。我只讀過兩年日本時代的公學校，可以說一個漢字也不認識。我看到筆錄上寫滿密密麻麻的漢字卻不知道都寫些什麼。在那樣的處境下，我也只好按照他們的指示捺下指印。後來，在台北軍法處宣判，我才知道，他們說我受江添進誘惑，參加什麼台灣民主自治同盟的「叛亂組織」，開過一、二次小組會議。儘管他們並沒有說在什麼地點開會，我還是因為這樣的「罪名」被判處有期徒刑十三年，褫奪公權十年。

湯天忠：我是大河底人，被捕時廿六歲，身分是農民兼木匠。我廿二歲那年，台灣光復。廿四歲，我阿爸過世，我那五十七歲的阿姆給我娶親。一九五〇年舊曆二月，我大女兒出生三天後，刑事就到我家把我抓走。

那天晚上，我和羅慶增等十幾名同村青年被抓到竹南分局，一起關在拘留所。這段期間，我被叫出去問了兩次話，第一個問題是我認識彭南華嗎？我老實回答說認識，同庄人。他接著問他做什麼工作？我據實回答說他在鄉公所服務，家裡還開了一家小店，由他太太顧。後來，我才知道，我之所以被抓，主要是因為我和彭南華的關係。在此之前，即將實施的全島戶口普查規定家家戶戶要掛上刻有戶長名字的門牌。我不識中文，更不會寫字，就去請彭南華幫我寫我的中文名字。不料，那些去抓彭南華的刑事在他房間的字紙簍找到兩張揉棄的白紙，上頭都是他用毛筆試寫的「湯天忠」三個字，又在他小店的帳本上發現賒欠者的名字就我最多，於是就認為我跟他有什麼組織關係而把我抓了起來。

第二次，他們還是先問我認不認識彭南華？我仍然像上次那樣據實回答。他們接著又問他現在在不在家？我說我又沒有整天在他家，怎麼會知道他現在在不在家？他們又改口問說他是共產黨，我知不知道？我說不知道。事實上，我聽也沒聽過共產黨，怎麼會知道他是不是呢？這時，那七、八個圍著我問話的刑事立刻拉下臉。有人故意揮動手槍威嚇我。有人用力扯我耳朵逼問，說我跟他住那麼近，怎麼會不知道呢？我無奈地申訴，說他在他家生活，我在我家生活，我哪有閒工夫整天守著他，看他在做什麼。而且，他做他的頭路，我做我的頭路，我怎麼會知道他參加什麼共產黨呢。他們還是想盡辦法要我承認我和彭南華有什麼組織關係。他們不斷強調他和我最相好，他要跑一定會告訴我。我除了據實承認我認識他之外，其他一概堅決否認。我否認。他們就動口威脅，動手打我。最後終於結束了這場難熬的偵訊。

關了二十天後，他們告訴我，說我沒事情了，可以回去了。他們叫村長（彭南華的外甥）來保。臨走時又告訴我，說要我出去找彭南華。我說台灣那麼大，要到哪裡找？我不工作，一家人就沒飯吃，哪有車錢去找呢？他們說，我只要耳朵放靈光點，凡是聽到有關他的什麼消息立刻向他們報告就可以了。可是，為了養活一家四口，我整天忙著工作，也就把他們交代的任務忘了。十天後，調單又來了。一到分局，他們就責罵我，說不是叫我每隔兩三天要向他們報告有關彭南華，或是黃逢開、江添進等逃亡的人的消息或風聲，怎麼什麼情報都沒有呢。我說我一點都不知道他們究竟做了什麼事情要逃？要我從何查起呢？他們又說我只要聽到有誰在哪裡看到他們的消息都可以來報。我說沒有啦。他們就很不高興地問我，說讓我回去找了十幾天，怎麼可以一點情報都沒有呢！那我回去做什麼呢？我說我回去賺錢啊！我一家人要生活，沒做就沒得吃。他們似乎看我老實，就改口要我叫村長來保就讓我回去。我苦笑了一下，說我人在分局，村長在大河底，要怎麼叫他來保？然後，我又說，要不，他們先放我回去，我就可以叫村長來保了。他們好像認為我講得有理，接著又半安撫半威脅，說明天會叫村長來保我回去。我一定要去找那些逃亡的人，否則就會吃虧。他們又撂話說我絕對跟那些人有來往，只是不肯講而已，沒關係，他們再給我幾天時間去找，找還是不找，我自己看著辦好了。

第二天，村長果然來保我回家。我還是忙著工作，既沒有閒暇也不知去哪裡找逃亡的彭南華和黃逢開這些人。這樣，我女兒滿月後又十天，竹南分局又把我和同村十幾個先前一起被捕的人再叫回去。其中一個應該是負責的主官態度非常嚴厲，大聲斥責我們說敬酒不吃吃罰酒。這樣，我們就統統被送進牢裡，關起來。第三天晚上，我被單獨叫出去問話。偵訊室有七八個刑事，其中幾名身上還帶槍。起先，他們說為什麼給我時間去調查彭南華和黃逢開那些走路人卻半點消息也沒有，然後質問我是不是有心包庇他們。我聽了就無奈地回答說他們要這樣想，我也只能隨便他們去想了。然後，我又說，他們刑警、軍隊有那麼多人都找不到了，我一個人又怎麼能找到他們呢。我再次強調，說我家沒耕沒種，就靠我一個人做工來維持生活。我要是放下工作去找他們，只要三天，我們家的鍋子就要吊起來了……那名負責問話的人不等我把話說完就一口咬定，說我一定有參加他們的組織，否則沒有理由不去找他們。然後他又威脅我，說沒關係，他們要是抓不到彭南華和黃逢開他們就要抓我。他說我跟他們一樣都是共產黨。我著急地回說什麼是共產黨？我根本就不知道。他們看到光是問話無法得到所要的口供就開始用刑。他們命令我跪在地上，然後在我的腳膝蓋上擺放一根結實的圓木棍，再由兩名刑事分別踩在木棍的兩端，後面則有人用腳不斷的踢我的背部。他們每踩一次，我當然就痛得哇哇大叫。刑了一陣之後，他們又讓我坐回座椅上。我聽到那名問話者用嚴厲的語氣大聲說了一句閩南話：「老實講」。當時，我一句閩南話也聽不懂，聽成客家話的「落屎缸」。我被刑怕了，聽他這樣一叫，趕緊起身，忍著雙膝的疼痛，跑去廁所，就要往毛坑裡鑽。他們搞不清楚我要幹什麼？起先以為我要逃跑，就趕緊追過來，把我抓回偵訊室。當他們知道我聽錯他們的意思時立刻笑得直不起腰來。偵訊室的氣氛因而稍稍緩和了一些。他們然後又改口問我認識一個叫徐木生的人嗎？徐木生與我同樣是大河底人。我於是據實回答認識。他們接著又問，徐木生跟黃逢開有相識沒？我想了一下，就說徐木生和黃逢開是鄰居，應該相識才對。他們緊接著又問他們兩個是不是經常來往？我有沒有看過他們兩人一起去哪裡給人請或是討論什麼？我據實回答，說這個我不曾看過，就不知道了。我的刑訊就這樣結束了。

第二天，徐木生也被抓進來了，並且跟我關同房。我於是據實向他講昨天晚上他們問我話的情形。讓他心裡有個底。當天晚上，他就被叫出去問話了。回房以後，他告訴我，說他們說我講他和阿開仔相識，而且經常在一起開會。我說沒有這樣的事情，他們為了做口供就把我打得要死。他不放心，又問我究竟有沒有說什麼？我告訴他，說我只說他們是鄰居，應該相識才對，但是，我絕對沒有說他們曾經在一起開會呀什麼的。他聽我說明了以後又說，他被打得受不了，只好說他們要說他有這樣說，那他也沒什麼話好講。他們這才不再打他，並且強要他在他們寫好的口供上按手印。

隔天晚上，他們又調我出去問話。刑事再次問我與徐木生是什麼關係？我照先前的說法，據實回答。他們立刻罵我，說叫我講，不講，現在徐木生把什麼都供出來了，我還想隱瞞嗎？然後不由我分辯，就把我的手拉去，在他們寫好的口供上打手印。我不識字。他們究竟在上頭寫些什

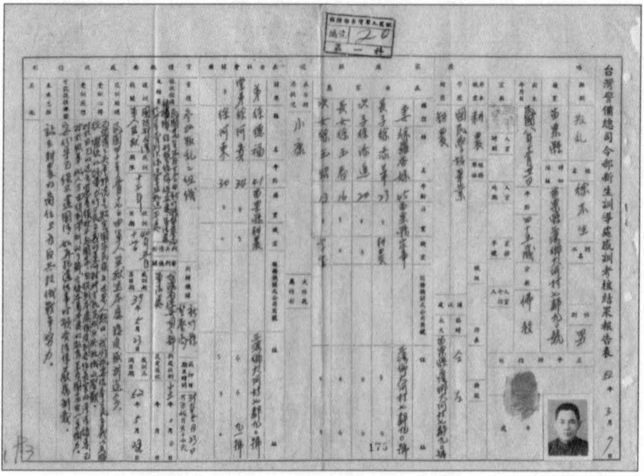
台灣警備總司令部新生訓導處感訓考核結果報告表

一九六三年三月徐木生在新生訓導處的考核表。

麼？我也不知道。

第二天，我們就被移送到新竹縣刑警大隊。大概十幾天左右又移送台北刑警總隊。將近兩個月後再移送青島東路軍法處。結果，從頭到尾沒再問一句話就判我十三年，罪名是參加什麼「叛亂組織農民團」。我記得，同案還有一個判無期徒刑，打死三個。

黃逢銀：我記得，我哥黃逢開第一次被捕的時間可能是一九五〇年二月中旬左右。那天晚上，我哥拿著棉被要到屋後紙寮去睡的時候有跟我講，半夜可能會有人來抓他。他說如果他們來的話，他會連被子都拿走。結果，他因為白天勞動，太累了，睡得像死豬一樣熟。那些刑事一直搖他才把他搖醒。我哥就這樣被他們逮捕了。可是，我哥身體結實，日據時代學過柔道。當他們押著他穿越狹窄的巷子要走出紙寮的時候，就趁機把那個牽著他的刑事一個過肩摔，把他摔倒旁邊的山溝裡，然後跳入山溝另一邊，趁著夜色，往神桌山逃跑。後來我哥告訴我，他從山溝的上段跳到下段逃跑的時候扭傷了腳，走不動。如果那些刑事繼續追的話，他應該就被抓到了。可是他們因為地形不熟，天色又暗，就沒去追了。那些刑事抓不到我哥，就下來我們家，找我們的麻煩。他們手拿短槍，敲打我和我父親，問說那個人是誰？怎麼會在那裡睡覺？我們當然騙說我們怎麼會知道？

我家的戶籍謄本有關我哥的記事欄上寫著：「民國參玖年肆月，遷出未報，行方不明」。到了十二月一日，才替他代辦戶籍遷出登記，並由我阿母黃羅冬妹繼任戶長。因此，可以確定：我哥是因為這次的逮捕行動而「身分暴露」的，相關的情治單位於是開始要抓他。但是，我哥究竟是不是他們說的什麼「匪黨分子」？我那時候年紀還小，所以也不知道。當然，我也不知道我哥為什麼會被抓。

黃鳳美：我大哥第一次被抓逃跑以後，每個晚上，當地的刑事都會來我們家搜查、盤問。我爸是個老實的農民，遇到我大哥被抓這樣的事，心裡當然感到十分煩憂，因為這樣，身體就開始得病。他發高燒一直退不下來。我們就到三灣街上，請醫生來給他注射。但是，這請那請，卻沒半個醫生敢來。我們只好回大河底家裡。我們想要拜託人家幫忙抬我父親到街上給醫生看病，也沒有一個人敢幫忙。我們只好自己弄一些傳統的草藥給他吃。以前，我父親偶爾生病，自己會弄一些草藥來吃。那時候，像六月雪這種最苦的青草藥，一般人就是加糖也吞不下去，他卻能不皺眉頭，一口吞下去，而且不用漱口。可是，現在因為心靈受到打擊，他卻一口藥也不吞，拚命說苦。因此，他連續燒了三天，最後變成肺炎，第四天晚上就死了。天亮以後，我們也沒有辦什麼法事，就在幾個鄰居幫忙下，把他抬到山上，草草埋葬。按習俗，那些幫忙抬棺的鄰居應該留在我家吃午飯。我們也勉強準備了簡單的飯菜。可是，他們卻一個也不敢留下來。我那時候才十歲，念國小四年級。我永遠記得那種悲傷又孤獨的情景。我以為我哥應該知道我阿爸過世的事情。可是他卻不敢回來。

黃逢銀：我哥逃走後，那些刑事怎麼找也找不到他的下落。他們為了要叫他出來投案，就三不五時地來家裡鬧。他們每次來都拿著槍，門一打開，就到處亂搜。他們對我說我哥又在哪裡被發現到了，要我去找。那時候，我父親已經過世了。我母親也因為操煩而病懨懨的。她的心肝已亂。他們不會煩她。幾個妹妹年紀又還小。所以家裡其他人他們不會找，只找我。我被搞得根本不用想做什麼事。我不去找也不行，去了，他們也硬是說我沒去。可是他們從來也不跟著我去找。當時不像現在有摩托車。那些山路，自行車也走不得，大體都要步行。我找回來後據實向他們報告。他們就說我根本沒去找。我就辯解說我怎麼會沒去找，我去到哪裡，它的門牌號碼及戶長是什麼。我跟他們說，他們要是不信就自己去對對看有沒有這個人。我就這樣找了有兩年。

其實，我也不是說就真的不知我哥跑去哪裡。我哥脫逃以後並沒有就此離開我家附近，仍然在家後山的神桌山區藏匿。他跑了兩三天後，我的叔伯阿哥黃逢財上山鏟竹筍時發現他躲在山上，自己用芒草和山芋葉子搭了一個勉強可以遮風避雨的草寮。這之後，阿財哥就拿飯去給他吃。可是他們並沒有讓我們一家人知道這事。

一段時間過了以後，刑事不再來我們家盤查了。這時，我哥才敢偶爾回來。他來來去去的，轉來，就要吃飯。他也曾帶一些一樣在跑路的人，像彭南華就是其中之一，回來吃碗飯，然後又躲回山裡去。他們在我家後山一待就是半個多月。只是我都沒有向刑事報告。這大概也是我後來會被判十年刑的原因吧。「知情不報」嘛。

一九五二年二月八日滿十八歲那天被抓走的黃逢銀（左）。

那些刑事抓不到我哥，就在我滿十八歲那天（一九五二年二月八日）把我抓走。那天晚上，管區的警察突然來到我家，叫我跟他們一起走一趟。我也不知道是什麼事情，就乖乖地跟他們出門。結果，一去到苗栗警察局，我卻看到村子裡的一整群年輕人，包括我叔伯阿哥黃逢財、上屋的鍾錦文，還有神桌山上的劉榮香、劉榮錦等人，都已經被抓進去了。我哥後來為什麼又會被抓到，在哪裡被抓？因為我已經被捕了，我就不是很清楚了。

黃鳳美：我二哥被抓去以後，我媽更是哭得沒日沒夜。那時候，家裡天天只聽得到她的哭聲，沒有其他聲音。她一邊哭還一邊咳，像肺癆那樣，咳得就要死了那般恐怖。那些刑警時不時還會半夜來我們家騷擾。我們幾個姊妹擠在同一張床上，半夜聽到車子來的聲音，都會怕得抱在一起發抖。每次，他們都恐嚇我媽，說她要是沒把大兒子帶出來的話，就不讓她的小兒子回來。我媽只好四處去打聽我大哥的下落，想要勸他出來。

五、七古林與大銃櫃

敘事者：關於黃逢開的下落，安全局機密文件《歷年辦理匪案彙編》第二輯「匪台灣省工委會苗栗地區銅鑼支部黃逢開等叛亂案」第三二四頁「案情摘要」欄載稱：

「四十年四月間（黃逢開）潛匿張錦秀香蕉園石洞內，復與羅、彭二匪取得聯絡，企圖長久潛滋，俟機再行蠢動。」

據查，安全局機密文件所指的「羅、彭二匪」，應該是指彭南華與羅坤春，而張錦秀的香蕉園，地點是在獅潭鄉汶水溪畔的七古林。羅坤春則是徐慶蘭與謝其淡的「領導」，其後「投案自首」。

一九九二年三月九日下午，在黎明華先生的引介下，我在苗栗老家附近三山國王廟旁的社區，第一次採訪了已然滿頭白髮的羅坤春老先生。羅坤春認為，他是「省工委」破壞後，那批流亡在銅鑼、大湖、獅潭、三灣一帶山區的地下黨人中最後一個出來「自首」者。然後，我又在他的引介之下，來到七古林，採訪了張錦秀的遺孀張邱添妹女士與女兒李邱生英。

羅坤春先生（1924-2002）在七古林河床。（藍博洲／攝）

羅坤春：我出生於苗栗銅鑼鄉朝陽村的一個農家，銅鑼公學校畢業後，又到苗栗第一公學校高等科讀了兩年。因為家裡經濟困難，畢業後，我就通過一名日籍老師的介紹，到台北一家專門做度量衡儀器的度量衡所做見習工人。然後我又到東京城西中學校半工半讀了五年。一九四五年三月畢業。四月回台。一邊等待兵單，一邊在苗栗姊夫家的小鐵工廠學一些鐵工手藝。八月日本投降。我也逃過當日本兵的悲劇。

戰後，我回到銅鑼。因為閒著沒事，就組織了一個「雙峰」排球隊，因此很快成為地方上的青年領袖。只要我叫一聲，當地的年輕人都會跟著動起來。一九四七年二二八事變發生後，劉闊才（曾任立法院院長）在苗栗組織治安維持隊，隊員大約有兩百名青年，實際行動則由曾任日本少尉軍官的建台中學教官溫思永指揮。我因為幾個參加治安隊的苗栗朋友介紹，認識了溫思永，並且接受他的意見，團結鄉長、縣參議員、中學校長以及地方士紳，組成銅鑼地方的治安維持隊，維持地方的安全。事變結束後，銅鑼治安維持隊也就自然解散了。有一天，我卻被帶到苗栗分局，再移送新竹警察局，最後押到台北大直訓導營，關了六個月。

出獄後，我在走投無路下去找鄉長謀職，從而在鄉公所上班，解決了基本的生活問題。然後，就像大多數的台灣青年一般，對現實社會非常不滿的我，也通過從銅鑼公學校到苗栗高等科一共八年之久的同學曾永賢（綽號叫「長腳仔」）介紹而認識了一個叫陳福星（化名老洪），並且加入了中國共產黨在台灣的地下組織，也吸收領導公學校的同學徐慶蘭，在地方上推展「三七五減租」的農民運動。後來因為上頭的組織被破壞了，我也不得不轉入「地下」。

黃逢開原來是三灣鄉大河村的勞動者，我並不認識他。他轉入地下後，長腳仔把他交給我領導。七古林，張錦秀這個點，就是他打出來的。後來我也安排徐慶蘭到這裡，跟他一起幫張錦秀割香茅。他們就這樣通過勞動換飯吃來求取生存。所以他們兩人後來才會在這個地帶一起被捕。

就我所知，彭南華並沒有去過七古林，應該不認識張錦秀。黃逢開究竟是通過什麼管道到張錦秀那裡幫工的？這就得問問張錦秀了。問題是他已經過世好幾年了。這樣，就要看看錦秀嫂知不知道當時的情況了。

張邱添妹：我是張錦秀的老婆。阿開仔來我們這裡做事，是住在洗水坑（今泰安鄉清安村）裡頭的鐘潤海與鐘潤德兄弟介紹來的。當時我老公張錦秀在七古林種香茅，需要大量的工人幫忙。有一日，他兩兄弟的其中一人，可能是鐘潤德，問我老公，說錦秀哥，你耕那麼大片的香茅園，需要請人做事嗎？當然需要，我老公講，怎會不要。只是他沒那麼多資本請人。鐘潤德就講，既然這樣，他介紹一個要叫他阿叔的房內親戚來幫忙。我們只要供他吃住就好，工錢有無都做得。我老公聽到有人做事不用錢，只要有飯吃，有得住就可以，當然就講好，趕快帶他來。

張邱添妹與女兒李邱生英。（藍博洲／攝）

第二天，鐘潤德就帶他那個房內親戚來了。他跟我老公介紹講，他叫做阿開仔，是竹東那邊的人。其他什麼也沒多說。我老公也沒多問。阿開仔這個年輕人，臉大大的，看起來很有福像。他的身材也長得武墩武墩的，很會做。我對他的印象也很好。那時候，我傻傻的，像小孩一樣，每天只管摘豬菜，鋤番薯，煮飯來吃。其他的事情一概不知。所以阿開仔究竟在我們這裡待了多久，我也不記得了。

李邱生英：我是張錦秀的女兒。阿開叔來我家幫工的時候，我十二歲，剛剛入學。我記得，他沒在我家住，也沒跟我們一起吃。可能我阿爸另外安排他在山上園子裡吃住吧。其實，那時候我們自己也沒多少東西可吃。有一次，我知道他要進去洗水坑找阿德叔（鐘潤德），就偷偷跟去。因為我知道，跟去的話，既有得玩又有零食可吃。走了一段路後，阿開叔發現我偷偷跟在後頭，就不讓我跟。阿英仔，去轉。他講他到暗沒轉，叫我不要跟。但是，我不管他怎麼講，還是一路跟著。結果，他就一路趕我，邊走邊回頭，講不要來，去轉。最後還是讓我跟到阿德叔家。

小孩子愛玩。有一次，我在香茅園幫忙做事，做一做，看我阿爸沒注意到我，就偷偷跑去玩。我發現山上有一個石洞。洞口有一個用芒草葉做的草圈仔。我感到好奇，就把它挪開，走進去。洞裡頭鋪了一疊芒草。我進去以後，就在那裡睡了一覺才離開。阿開叔下工以後可能發現洞口的草圈有人移動，就跟我阿爸講有人來過。我阿爸就問我有沒有進去山上的石洞玩？我老實講有。我阿爸才放心。

羅坤春：當時我有好幾個據點，經常跑來跑去，沒有固定在七古林。一九五二年，有一天，我前往銅鑼鄉與通霄鎮交界的虎頭崁的茶園，與長腳仔進行事先約好的會面。不料，長腳仔不但沒有按時出現，我還遭到一陣亂槍圍剿。我僥倖脫逃後輾轉回到七古林。因為我和長腳仔會面的時間和地點不會有第三者知道，所以我判斷他已經被捕而且投降了。這樣，我和組織的縱的聯繫就斷了線。為了生存，我就違背不得發展橫的聯繫的組織原則，試著想與三灣方面的劉雲輝聯繫，共同把殘存的同志重整起來。黃逢開知道我的想法後就向我說，三灣那方面他比較熟，我們可以從神桌山過去，看看能不能聯絡得上？我和黃逢開又商量了一陣，決定兩人一起北上。

我們從大南湖經獅潭而過去。在獅潭，認識我

羅坤春（前左一）、劉雲輝（前右一）與三灣造橋地區的政治受難人在大河底。（藍博洲／攝）

和黃逢開的人不多，因此比較放心。但是，過了獅潭，認識黃逢開的人就多了起來，再加上當時的情勢非常緊張，我們就一直等到天黑以後才走。我們一路夜行到神桌山區一個小地名叫做大銃櫃的群眾劉登興的家。劉登興這個人我原本不認識。他是黃逢開發展的關係。我們到那裡已經是晚上十點多了。劉登興大概已經睡了。黃逢開就把劉登興叫起來，問他這裡的狀況。劉登興說這裡很平靜，叫我們放心。那天大概是農曆的二十。下半夜，月光會出來。我就向黃逢開說，兩點左右，我們就要起來，離開這個緊張地帶；這樣，天亮以後也比較安全。劉登興要我們到屋內睡。但我對他不熟，不管此地多安靜，在我看來都不是很安全，因此沒有答應他。他又說，既然這樣，在屋後不遠處有個廢棄的炭窯，雖然坍了三分之一，還是勉強可以睡一會。那天下午下過雨。地上還是溼的。我和黃逢開於是向他各借了一塊木板，攤在炭窯的地上，然後入睡。

兩點五分前，我就警覺地醒了。黃逢開因為平日的勞動量大，還在呼呼地睡。阿開仔，時間到了，別再睡了。我把黃逢開搖醒，告訴他，說我們現在要不離開，等天亮以後就不好行動了。黃逢開馬上起來。我們拿起各自借來的木板，走到劉家後門，靠牆擺好。就在這時，我發現劉家的後門竟然打得開開的。後門一進來是廚房。廚房再過去是客廳。我看過去，發現連客廳的門也打成八字開。月光照在廳前的禾埕上。看得到前門也是開的。我一下就起了疑心，於是一面輕輕拔起插在腰際的手槍，一面向黃逢開說門怎麼會開開呢？然後一步一步小心前進。我走到廚房，四處查看，確定無人，再走到客廳。這時，我看到一個好像戴斗笠的人影從前門一閃而逝。我於是回過頭，細聲提醒黃逢開說有人。但黃逢開卻若無其事，說大概是劉登興起來煮點心給我們吃吧。然後他就沒再跟在我後頭。我心想哪有這種道理呢？自然不放心地一步一步（就像電影的情景一般）走過客廳。當我一腳跨過客廳的門檻，剛剛落地，右手邊就啪啪啪地向我連開了好幾槍。我的身體躲在門後。對方的槍聲一停，我就把原先已伸出一點的握槍的右手向右手邊前伸，啪地開了一槍，接著再啪地開第二槍。然後我就迅速倒退到廚房，並且回頭去看。黃逢開對地形熟悉，已經一溜煙跑了。我對地形卻完全不熟，只知道從哪個方向來的，於是從後門跑進一片竹林，然後朝來的方向逃跑。前面有路沒路？我也不

羅坤春與老同志謝發樹跋涉汶水溪重返七古林。（藍博洲／攝）

知道。我一進竹林，手碰到竹子，就發出聲響。一連串子彈立即從屋後竹林的上方射來。我連忙仆倒地上，小心不碰到竹子，向高處匍匐爬行，最後，總算讓我跑過手了。我就往山下跑，連夜逃回七古林。

宋松財：一九五〇年三月大河底那一波逮捕行動過後，我又見到阿開仔幾次。第一次，是四月份的一天晚上，已經轉入地下的阿開仔來和我祕會。他向我轉達說上面要我立刻脫離家庭。上面以為，如果我不馬上離開，可能會受到敵人利用。我向他解釋說，到目前為止，與我有關的人都已經轉入地下，還沒有一個人被捕，而那些被捕者跟我一點關係都沒有，所以我認為我還沒有轉入地下的必要。我要他替我向上面轉達我的想法。他於是匆匆離開了。我再見到阿開仔是在同年七月初的某日。他出來見我，主要是向我傳達江添進要約我見面的消息，並且告訴我會面的時間和地點。這之後，一直要到一年後，我才又偶然在神桌山的大銃櫃碰見他。

那是一九五一年七月下旬前後，我跟李旺秀和彭南華，在當地群眾劉登興家對面的山寮一同住了幾天。李旺秀已經病得完全走不動了。我記得，七月廿四日那天晚上，彭南華下山，找人給李旺秀買藥。到了下半夜，大約三點左右，我和李旺秀在睡夢中突然被劉家傳來的一陣槍響聲驚醒。我知道一定有什麼大事情發生了，於是先把李旺秀扶到一處草頭下躲藏，並且吩咐他絕對不可以出聲。然後我就朝著劉家的竹頭下連發兩槍。我怕誤傷劉登興的家人就不再開槍了。槍響後，我看到劉登興乘機從後門逃走了。又過了大約五分鐘後，一共二十幾個情治人員才拿著手電筒追來，四處亂照，然後把未及逃走的登興嫂抓起來問話。那名問話的情治人員還打了她兩個巴掌。問話告一段落後，登興嫂又被那些情治人員帶下山。我躲在劉家對面寮下，忽然就聽不到一點人聲了。整個山林靜悄悄的。我覺得不太安全，於是急下小圳，進入一條山溪。

這時，我看到，有一個人光著上身坐在山腳下的一塊巨石上。我覺得奇怪，就低聲問說是誰？是我。對方立刻回應問我是不是阿財哥？說他是阿開仔啦。我放心了。原來是自己人黃逢開。我和阿開仔於是急速走過圳頭，從坑唇直上高山，然後在一處隱蔽的石壁下坐下來。阿開仔於是告訴我事情的經過：

他與銅鑼方面的同志羅坤春一起北上，與某人會面。但那人卻沒有按時前來。他們於是急著趕回七古林。大約在午夜十二點左右，他們走到劉登興家。劉登興給他們吃過飯後就帶他們到屋後炭寮休息。他們要在天亮以前趕回去，所以，三點就起身了。當他們走到劉家門口時看到似乎有異樣的人影躲在暗處。他們感到不妙，立刻大步轉向後頭。就在這時，槍聲忽然在身後大響。羅坤春身上有槍，也回了二、三槍，然後跳過小溪逃走。阿開仔自己在逃跑的時候不小心在溪中跌倒，身上的衣服都被樹枝扯爛了。

我聽阿開仔這樣講，心情難過，卻不知說些什麼來安慰他。他也無言。有一陣之後，他才打破沉默，非常痛心地說阿坤哥現在也不知是生還是死？我也憂心地說旺秀也不知道有沒有被抓走？然後我們又再度陷入痛苦的無言中。到了中午，我們更是餓得不想開口了。阿開仔站起來，看看天色，說還好，天公沒有下雨。然後他就去找找看有沒有什麼可以吃的？大約一刻鐘後，他採了約有半捆的杆草心（嫩的芒草）回來。我們就生吃那些杆草心來充飢。吃過草，我們又開始相談。他向我講了許多愛國憂民的思想，使我深受感動與鼓勵。他講，打內戰是同胞相殺，破壞自己的國土，也損失無辜百姓的田園財產，我們的鬥爭就是要阻止內戰，把國家統一起來。他又講，中國一定要強大起來才做得，一個國家分成兩頭相打，實在讓人感到既可恥又痛心。他又強調，我們的鬥爭就是為了使中國富強，使窮苦人可以過上像人的生活。等等等等。我們一直談到下午四點多。最後，我說我打算北上新竹縣北埔鄉的四十二分，希望他也和我一同去。阿開仔說不行，他在獅潭方面的工作還很多，不能這樣離開。我覺得阿開仔的意志非常堅強，也就不再說服他了。

我們在天就要暗下來的時候各自上路。我走了幾步又回頭對阿開仔說，他沒穿上衣，如果在路上被人碰到要怎麼說呢？我告訴他，我還有兩件上衣放在劉登興家對面的草寮，他可以拿去穿。他說好。我們再次道別。可是，走了三、五步，我們又都萬分不捨地同時回頭相看。我後來聽李旺秀說，阿開仔到草寮拿衣服時碰到還躲在草寮中的他，兩人談了一些話，阿開仔穿了衣服後就與他握手分別了。我後來又聽百壽村的黃順欽說，當天晚上，阿開仔在他的草寮與他共住了一晚，並且告訴他大銃櫃發生的槍戰經過。第二天又繼續南下。

三個月後，逃亡中的我，因為懷念阿開仔，就寫了一首題為〈三個月再憶逢開〉的詩：懷念當時事盡悲，神桌山下苦別離。兩人分手難相見，來日吉凶未可知。但是，我沒想到，我和阿開仔的那次話別，竟然就是此生的永別了。

羅坤春：第二天晚上，黃逢開也回到七古林了。我問他躲到哪裡去了？他告訴我，他因為地形熟而安全地跑到對面的山排，並且遇到自己一個人

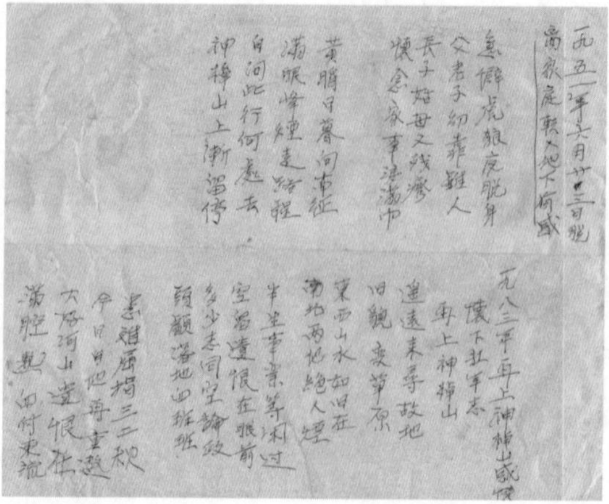

宋松財的詩作。

躲在山寮的宋松財，就在那裡過夜。第二天，白天又不敢上路，一直等到天黑了時才敢走回七古林。

黃逢開雖然見到了宋松財，但沒有得到有關劉雲輝等人的消息，再加上在大銃櫃被圍捕，我於是放棄往三灣方面尋找「橫」的聯繫，決定轉向西邊的海線去找線索。當晚，我要離開七古林時還特別交代黃逢開和徐慶蘭，兩個人晚上不可同時入睡，一定要輪流睡，而且絕對不要到人家屋裡睡。但是，後來他們兩人還是在那裡被捕，最後都被槍決處死了。

六、線民與被捕

敘事者：關於黃逢開的被捕，安全局機密文件《歷年辦理匪案彙編》第二輯「匪台灣省工委會苗栗地區銅鑼支部黃逢開等叛亂案」第三二六頁「綜合檢討」欄根據黃逢開被捕後的「供述」載稱：

「彼逃亡在村民陳仁添處幫工時，曾遇見另一傭工余阿漢，於閒談中，余某向彼吐露有協助治安機關查緝逃匪黃逢開之任務。因而使彼格外提高警覺，並對余某加倍注意防範，故未被發覺。」

那麼，傭工余阿漢顯然就是檢舉黃逢開的線民了。

同一文件第三三五頁「偵破經過」欄詳細記載了黃逢開於一九五二年二月間被捕的經過：

「據自首分子黃登興報稱有人在該縣（苗栗縣）大安（泰安）鄉竹林村發見黃匪行蹤。該局（苗栗縣警察局）當即運用可靠線民深入密查，結果在該村村民陳仁發（添）香茅園內，發現有一傭工，其年齡及體形等，與黃匪頗為相似。且察其在工作中對附近來往之人甚為注意。該局接訊後，揣度該傭工為黃匪化裝之成份較大。即迅派幹員偕同線民馳往圍捕，時該黃匪尚在香茅園內做工，發覺來人有疑，拔足便向山林逃跑，企圖倖免，當經行動人員遏阻無效，恐被其竄入林中，追緝困難，即開槍擊中其左小腿，始予以拘獲。」

這裡，「黃登興」，應該是劉登興的筆誤。也就是說，苗栗縣警察局發現黃逢開的最後行蹤，是根據已經自首的劉登興的通報。問題是，劉登興又是怎麼發現黃逢開的行蹤的。對此，面對我的問詢，劉登興總是以一句「忘記了」回答。答案，顯然還要另尋其他關鍵之人的證言。

張邱添妹：後來，阿開仔又去獅潭鄉一個叫做十一份四的地方，給一個叫做陳仁添（已逝）的人幫忙割香茅、挑香茅、炯香茅。結果，他就在那裡被一個叫做余漢仔（余阿漢）的人檢舉。

余漢仔，這個人是一個壞人，很夭壽，平常專門做線民，知道什麼事就去報案。人家殺豬，他也要報。可以講，到處鑽，看有沒有賞金可領。因為這樣，大家和他都合不來。

李邱生英：余漢仔曾經來我家打探阿開叔的身分。等到我們家香茅園的事情快做完了，他又進來查看阿開叔是不是還在。後來，有一日，阿德叔神色緊張跑來，跟我爸講有人來探聽阿開叔的事情了。他要我爸趕緊讓阿開叔離開，不然會發生事情。我爸認為，他只讓阿開叔一日吃兩碗番薯飯，人家卻那麼認真賣力砍草做事，要是叫他離開，自己少了一個得力的幫工，阿開叔可能也就沒飯吃了。因此他不忍心讓阿開叔馬上離開。一直要到後來，我們家香茅園的事都做完了，我爸聽說十一份四陳仁添叔公那裡需要幫工，就介紹阿開叔去那裡割香茅。

黃鳳美：我大哥後來究竟怎麼被抓到的，我也不是很清楚。可是我聽我媽跟我講過，後來有一個劉登興來找她。他要叫我媽舅媽。既然如此，那我就該叫他姊夫囉。那個我該叫他姊夫的劉登興向我媽說，舅媽，他們像這樣常常日日來抄家，也不是辦法。要不然，他帶我媽去一個地方找，試看看我大哥有沒有去那裡做事？他又告訴我媽，說什麼現在政府有一個自首辦法，只要出來自首就不會有事的。他說他自己就辦了自首。我媽想說，假如我大哥有犯罪的話，就該自己擔當；我二哥還是小孩子，什麼也不知道，只知道看牛、割草、做田事，一定要讓他回來。而且，她認為，既然政府有條件這麼好的自首辦法，不管怎樣，一定要找到我大哥，帶他出來自首。於是我媽就對劉登興說，他要是知道我大哥在哪裡，就帶她去找吧。但是，我媽她怎麼也沒想到，我大哥後來會被抓到，而且槍決；我二哥也被關了十年。我們母女幾個就這樣辛辛苦苦，寒寒酸酸，過了十年。話說回來。劉登興告訴我媽，說我大哥躲在獅潭鄉一個什麼地方。我媽聽了，就由他帶領，一路走去找我大哥。到了據說是我大哥躲藏地方的附近，劉登興就叫我媽阿舅媽，說他聽說我大哥就在這上面做事。他要我媽上去那炯香茅的地方看看。他不跟我媽上去，就在那裡等。我想，他大概是因為辦過自首，怕我哥會對他反感或怎樣而不敢上去吧。

我媽就自己一個人走上去，上到山頂那炯香茅的地方，果然看到一個人正頭傾傾地在燒柴。我媽從背影就看出那人正是我大哥。自己生的兒子，我媽當然認得出來。但是，我媽不敢馬上與他相認。她走向我大哥，並且故意作話，說唉喲，某某先生，你怎麼會跑到這裡來呢？你不是欠我多少錢嗎？現在，你既然被我碰到了，那你欠我的錢要不要還我呢？我大哥回頭，看到是我媽，就心裡有數了。他知道情況嚴重，臉色一變。過一會，他才口氣不好地問我媽來這裡做什麼？誰叫你來的？然後他又拉著我媽的手，說這裡不是說話的地方，有什麼話，去上面說。我媽於是就跟著我哥往上走，一直走到一個大石頭的後面。（這裡可能就是他藏身的地方，是不是這樣，那我就不知道了。）我哥生氣地質問我媽，說她為什麼要來呢？她知不知道她這樣會害死他。我媽就勸我哥，說現在政府有很好的條件讓他們辦理自首，他只要去自首就會沒罪。然後她又告訴我哥，誰誰自首了，誰誰又自首了。你被人騙了。我哥不相信，接著又說他現在怎麼可以去自首呢？他問我媽知不知道他要是去自首會害死多少人？他們兩人講來講去。我哥就是沒有答應出來自首。眼看著天色就要暗了，我哥於是催我媽趕快回家，說她要是不走，等下還會連累到他。我媽只好無可奈何地走下山。

我媽一下到山腳，劉登興馬上過來問她，說阿舅媽，談得怎麼樣？我媽不敢把實情讓他知道，就騙他說沒有哦，她沒有看到我大哥。阿舅媽，這樣的事情不能騙人哦。劉登興心裡大概也很清楚，就勸我媽說她剛剛走上去的時候，對面山上有很多刑警在監視著。她走到哪裡，他們都看得清清楚楚的。這種事情騙不得的。他要我媽等會見到他們，一定要照實講。我媽一個婦人家，一顆心被人說得不知如何是好，於是又再上去找我哥。她想，自己的兒子，無論如何，她一定要告訴他有人知道他躲在這裡，他不能住這裡了。自己要想辦法。可是，她上到剛剛跟我哥講話的地方，卻找不到人了。我哥已經不知道到哪裡去了。天色已經暗下來了。我媽不死心，仍然在山上找我哥。她邊走邊跌，一直找到天光完全暗黑了才又下山。沒辦法了。我媽跟劉登興說她怎麼找都沒看到人了。我媽於是和劉登興走下公路。果然，他們一下來，一輛等在路邊的吉普車就把我媽載去附近的派出所問話。起先，我媽一直騙說沒看到我哥，可是講來講去，實在騙不過去了，只好照實講，說有看到我哥，可是他不肯出來。我媽的話才說完，刑警隊就立刻出動去抓我哥。

張邱添妹：余漢仔在陳仁添屋下的河壩唇（河邊）有田。有一日，他要去河壩唇做事，經過陳家屋面前的時候，發現到阿開仔。後來我也聽阿十妹講到這事。阿十妹是汶水黃阿土的婦人家（妻子），他們住在汶水派出所附近，但是在七古林也有香茅園，就在我們園子的隔壁。現在她兩公婆已經過世了。阿十妹跟我講，她聽人講，十一份四香茅園有人被抓去了。因為外地人對地形不熟，余漢仔就帶他們進去抓人。那個被抓的人在陳仁添的香茅寮下燒火，準備炯香茅。余漢仔就從後頭撲上去，把他擒起來。因為兩人都長得很高大，就互相抱住，不停地翻滾。後來，有人開槍。那個人被打到，就被抓了。

我聽阿十妹這樣講，心裡就明白，那個被抓的人一定是阿開仔。結果，兩個月後，我老公就被調去苗栗警察局問話。他這一去，一直要到十年後，才從新店監獄放回來。

李邱生英：阿開叔離開我家了。第二年，年過後，沒多久，我們就聽說他被抓了。我們聽說，他是被余漢仔帶警察去抓的。聽說，余漢仔還因為這事領了好多賞金。（可是他在我阿爸還在關的時候就死掉了。）

我阿爸聽到阿開叔被抓去的風聲以後並沒有害怕而逃跑。不久以後，他也被抓了。我也就沒去上學了。那年年底，有一天，我在河裡抓魚，聽到其他鄉民說，前幾天，七古林對面的鷂婆山上又有人被抓了。聽說那些抓人的警察和憲兵還開了槍，一個被打死，一個沒被打到。後來，連續幾天，村裡經常有警察來調查。許多年輕人都被調去問話，大家都非常害怕。

黃鳳美：那天晚上，到了八、九點鐘的時候，我媽還在汶水派出所。她就聽到一些警察在聊，說抓到了。我媽聽他們講，我哥從很高的懸崖跳下去。他們就開槍，一直打，一直打。果然，後來我哥就從山裡被押解到汶水派出所。我媽看到我哥的腳和頭分別被銃仔打到，血流滿身，雖然用布包紮著，還是一直在流。我聽我媽說，我哥看到她很生氣，頭低低的，不管我媽問他什麼，都一句話也不說。後來他就被連夜送出苗栗警察局。

我媽提著我哥那身換下來的血衣，從汶水回到家。天已經快要亮了。我看到她哭得很傷心，全身軟綿綿的，一點力氣也沒有。儘管這樣，她還是一邊哭，一邊把經過的事情講給我和姊姊聽。

天一亮，我媽又要去苗栗刑警隊看我哥。那天剛好是星期日。不用上學。我就陪我媽去苗栗。去到刑警隊，我看到我哥的頭和腳分別用布包紮著，血淋淋的，靜靜地坐在一張矮凳子上。他看到我們也不理我們。我媽跟他講什麼，他都不理她。我叫他阿哥、阿哥。他也沒有應我，只是一直流淚。我們看他流淚，也跟著流淚。我媽看他一直不講話，還是忍不住勸他，說阿開仔，聽阿媽講，辦自首吧。我媽說他只要自首就沒罪。我哥看了我媽一眼，應了她一句話，說她知道什麼，他現在怎麼可以自首呢，這樣，他會害死多少人她知道嗎？應完話，他又氣憤地把頭低下來，不再說什麼。後來，不管我媽怎麼說，他也沒什麼反映，就只應一句：妳知什麼？意思是說，她老人家懂什麼。這樣，我們就沒什麼話好對我哥講了，於是傷心地回大河底。後來我們就沒再見過我哥。

七、判決、死訊與遊魂

敘事者：根據安全局機密文件《歷年辦理匪案彙編》第二輯「匪台灣省工委會苗栗地區銅鑼支部黃逢開等叛亂案」第三二七頁「涉案人犯處理情形」所載，一九五二年六月三日，前台灣省保安司令部以（41）安潔字第一七二九號判決書判決黃逢開死刑。但是根據台灣省保安司令部（41）安潔字第一七三〇號判決書所載，台灣省保安司令部軍

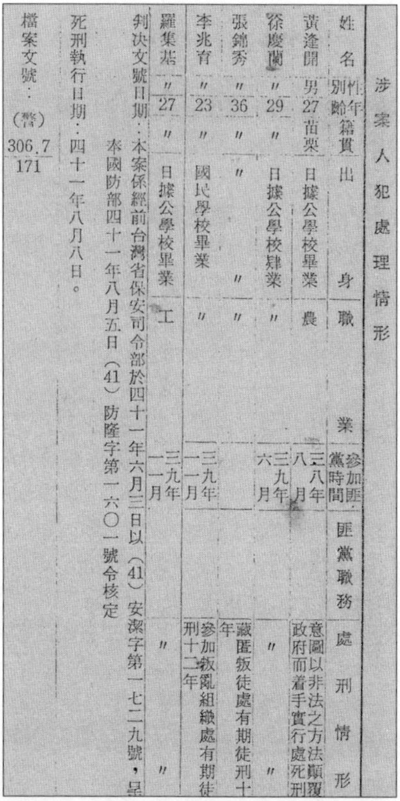

涉案人犯處理情形

姓名	性別	年齡	籍貫	出身	職業	參加匪黨時間	匪黨職務	處刑情形
黃逢開	男	27	苗栗	日據公學校畢業	農	三八年八月		意圖以非法之方法顛覆政府而着手實行處死刑
徐慶蘭	〃	29	〃	日據公學校肄業	〃	三九年六月		〃　〃
張錦秀	〃	36	〃	〃　〃	〃			藏匿叛徒處有期徒刑十年
李兆育	〃	23	〃	國民學校畢業	〃	三九年一一月		參加叛亂組織處有期徒刑十二年
羅集若	〃	27	〃	日據公學校畢業	工	三九年一一月		〃　〃

判決文號日期：本案係經前台灣省保安司令部於四十一年六月三日以（41）安潔字第一七二九號，呈
奉國防部四十一年八月五日（41）防隆字第一六〇一號令核定

死刑執行日期：四十一年八月八日。

檔案文號：（警）306.7/171

安全局機密文件關於黃逢開和徐慶蘭的檔案。

事法庭審判官鄭有齡卻是於五月十五日在「軍事檢察官杜峻嶺蒞庭執行職務」的情況下對黃逢開、徐慶蘭、張錦秀等五人宣判。

鄭有齡：被告黃逢開，化名黃新喜、徐阿連，男，年廿七歲，苗栗縣人，住苗栗縣三灣鄉太和村七鄰，業農，供認於卅八年八月間經逃匪廖天珠介紹，參加叛亂組織，與叛徒彭南華、江添進同編一組，共同開會研討團結農民，為匪宣傳，閱讀反動書刊，嗣即吸收叛徒劉清玉、劉榮錦、張阿才、徐木生、溫龍水等人加入，並與彭南華共同對劉登興、劉榮香等人宣傳，至卅九年三月畏罪逃匿後仍與叛徒羅坤春、彭南華聯絡等情不諱。核與被告徐慶蘭所述，於四十年十二月經羅坤春介紹帶與被告黃逢開晤面，並在黃逢開匿居之香蕉園石洞內居住六天等語。足證被告黃逢開當時尚從事叛亂活動，並有當場在該被告居處查獲之「中國革命與中國共產黨」一本，及其手錄之反動歌曲暨情報紀錄小冊各一本，會報文件一紙，附卷可據，罪證至為明確。是被告黃逢開於參加叛亂之組織後吸收他人加入，積極從事叛亂活動，已達意圖以非法之方法顛覆政府而著手實行之程度，依法應處死刑褫奪公權終身，以昭炯戒。全部財產除各酌留其家屬必需生活費外沒收。獲案之反動書籍及文件等依法並應沒收。

被告張錦秀，男，年卅六歲，苗栗縣人，住苗栗縣獅潭鄉竹木村十二鄰一百廿一號，業農，供認自四十年四月三日藏留被告黃逢開在其香蕉園石洞內居住，經黃逢開向之宣傳匪幫分配土地云云；在偵查中並供認，該黃逢開初來時稱因盜伐林木犯罪逃匿，留住至六月間始表示係匪幫黨員身分，對之宣傳並欲吸收其參加，該被告時常拿米及鋤頭等供黃逢開食用等情不諱。核與被告黃逢開供證，其對被告張錦秀初稱係盜伐林木逃亡，嗣後始說明因參加匪幫之事，以及匿居被告張錦秀香蕉園石洞內，由其經常供給食用等語，亦相符合。是被告張錦秀始終以藏匿犯人之意思留藏被告黃逢開，其後雖已知其為叛徒仍繼續予以藏匿，顯係出於一個持續之行為，則其藏匿普通犯人之低度行為，已為以後藏匿叛徒之高度行為所吸收，自應按藏匿叛徒罪依法科處，全部財產除酌留家屬必需生活費外依法並應沒收。

敘事者：另據台灣省保安司令部（41）安潔字第一七七四號裁定書所載，到了一九五二年五月九日，滿十八歲那天被捕的黃逢銀與同村村民劉清泓（神桌山劉鼎昌之子）等人「於偵查中執行羈押」已經「屆滿二個月」，保安司令部軍事檢察官乃「以偵查尚未終結仍有繼續羈押之必要聲請延長羈押期間」。五月廿九日，台灣省保安司令部軍法處審判官甘勵行「經覆核無異應予照准」，並特依刑事訴訟法第一百零八條第一項第二項裁定：黃逢銀與劉清泓等大河村村民共八名「羈押期間各延長二月」。六月廿一日，羈押未及延長的二個月，台灣省保安司令部軍事檢察官端木棪又以黃逢銀「參加匪外圍組織讀書會」之「事實」而提起公訴。結果，台灣省保安司令部軍事法庭審判官邢炎初以「參加叛亂之組織」判決十九歲的黃逢銀與同村的劉榮香（廿六歲，業工）、劉榮錦（卅二歲，業工），以及獅潭鄉永興村的劉清兆（三十歲，業農）：各處有期徒刑十年，各褫奪公權六年。〔（41）安潔字第二一三三號判決書〕

邢炎初：劉榮香於卅八年九月間，劉榮錦於卅九年二月間，分別在原籍苗栗縣，由自首分子劉清玉及另案被告黃逢開等介紹，加入匪幫。黃逢銀、劉清兆，分別於卅八年七月至十月間，參加匪外圍組織讀書會，聽信匪徒宣傳。均經苗栗縣警察局查覺，將該劉榮香、劉榮錦、黃逢銀、劉清兆等緝獲歸案，解由本部軍事檢察官偵查提起公訴。

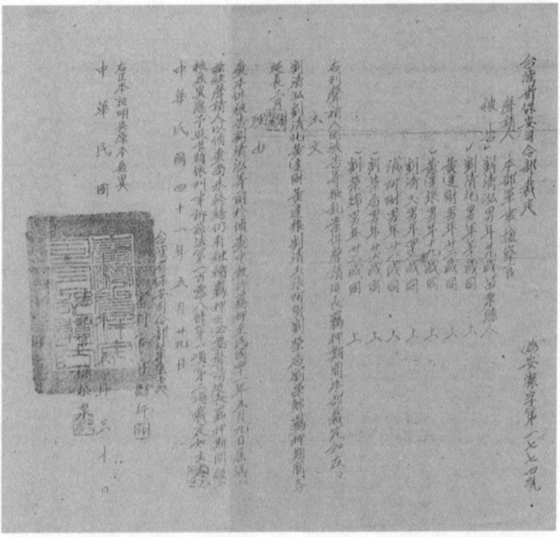

一九五二年五月廿九日，台灣省保安司令部軍法處審判官甘勵行裁定：黃逢銀與劉清泓等八名大河村民「羈押期間各延長二月」。

被告劉榮香、劉榮錦對於上述事實業據分別供認不諱，核與偵查結果相符，並經軍事檢察官……提據另案被告黃逢開供證介紹劉榮錦加入匪幫屬實。被告等犯行極臻明確。查該被告等雖曾聽聆匪幹之宣傳，惟未參予叛亂會議，各應依參加叛亂之組織罪論科。

被告劉清兆、黃逢銀對於卅八年七月後參加匪外圍組織讀書會事實，業據被告等在苗栗縣警察局分別供認不諱，犯情明確，自不能任其在本部空言翻異。查讀書會既係匪外圍組織，自不失為叛亂之組織。被告等參予開會聽其宣傳匪幫理論，應依參加叛亂之組織論罪。

黃逢銀：我最後看到我哥的時節還在台北刑警總隊。那時候我們完全不能通話。它的房間做得和扇子（八卦）形一般，看得到人。他出來洗嘴、洗面啦，看得到人，卻沒法度講話。當時呢，我們看到的時候，我們倆兄弟，他也有看到我啦。他就用手比給我看，說是他頭上有被銃仔（子彈）打到，還有腳上有被銃仔打穿過去。啊，他那時候包著了，也看不到傷口。我見到他的那日，差不多是他被抓到的一禮拜。因為我被先抓去一禮拜。我一送到刑警總隊，他跟著就被送去。我們才見面。

我在台北刑警總隊關了個把月後又被送到保密局。四天後再被移送青島東路的軍法處看守所第21房。我一進去就聽到隔壁23房有人傳話過來，問我是不是黃逢銀。我覺得奇怪，怎麼裡頭會有人知道我要被送進來。雖然是隔壁房，隔著牆，人卻看不到。經過傳話，我才知道，問話的人叫謝運石，是我家隔壁獅潭鄉永興村人。我想，我哥他們大概和他有聯絡，所以他才會知道一些我的事吧。但是，不知三天還是四天後，他就與同案的另外四人被叫出去了。多年以後我才知道，他們一案五人都在那天被槍斃了。

在軍法處，我被關在第二區。我哥在第一區。他若出入，我也見不到。我這邊若出入，他是否有時能看到我？這我就不知道了。後來，一直過後，我就不曾再見到他。

敘事者：安全局機密文件《歷年辦理匪案彙編》第二輯「匪台灣省工委會苗栗地區銅鑼支部黃逢開等叛亂案」載稱，同年八月五日，國防部以（41）防隆字第一六〇一號令核定台灣省保安司令部軍事法庭審判官鄭有齡的判決；八月八日，台灣省保安司令部軍法處交付憲兵第四團執行槍決。

根據黃逢銀先生提供的戶籍謄本，黃逢開的記事欄上寫著如下記事：

> 經苗栗縣政府（41）參養府民字第一八三五五號通知，叛亂案件經台灣省保安司令部判死處刑，民國肆壹年捌月捌日執行槍決。

既然，政府已經把槍決死訊通知家屬了，為何黃逢開又會埋骨台北六張犁亂葬崗，成為無人祭拜的大河底遊魂呢？

黃鳳美：後來我們只知道我大哥被抓到台北去了。可是我們卻沒有錢坐車去看他。再後來，他卻經常寫明信片回來。那時候，我二哥也被抓去關了，大姊才十三歲，我十歲，我妹妹八歲。他不僅僅是寫給我們三姊妹而已。他還寫給左鄰右舍，說是我媽年紀大了，三個妹妹又還小，拜託他們一定要幫忙照顧我們家人。日日這樣寫。他的信，不管是給我們的，還是給鄰居的，都是寄到學校，沒有送進山裡來。每天，老師都會把信堆成一疊，然後讓我帶回來分發。每次，只要一聽到老師叫我的名字，不用看，我就知道，一定又是哥哥來信了。我就走出去領信。我一看到那一疊信，還沒看內容，就忍不住淚流滿面了。等我回到座位，那疊信已經被淚水浸得濕漉漉了。

經過這樣的打擊，我媽就只是日哭夜哭，把身體也哭壞了，什麼事也不能做。我大姊雖然年紀還小，個子又不高，為了一家人的生活，只好出去挑沙石。那還是我媽向人家工頭要來的工作。我媽向人家說，她還小，工錢算少一點沒關係。結果，人家一工七元，我大姊一工只算五元。可是我大姊實在太瘦弱了，做沒幾天，身體就受不了。收工回家後，她就一直哭，又不敢說不去。我媽看了也不忍心，就半安慰半勸她，說阿鳳琴，阿媽知你做得真辛苦。不過，家裡沒有半點錢，沒法生活。你沒忍耐做，要怎麼辦？第二天，我大姊只好含著眼淚又去上工。她知道，這樣的工作不是天天都有得做的，那也是人家工頭同情我們才給的。想到這裡，她也只好忍著去做。

因為家裡實在沒有一點錢，到後來，我連上學的學費也繳不出來。要買一枝鉛筆，還要到處去找舊酒瓶，一支換五角錢來買。學校上書法課的時候，我連買一枝毛筆和一張紙的錢都沒有，只能等同學寫好了再借來寫。因為這樣，我經常挨老師罵，說我沒帶這個沒帶那個。可是我就是不敢說，家裡沒錢讓我買這些那些。

那段日子，家裡沒有男人耕田。我們就只能靠著向親戚借錢，以及給我們的一些米，勉強過日子。我記得，我們經常就只是早上煮一鍋粥，一家人一起吃。中午，其他同學吃便當的時候，我就自己去操場的樹下玩，玩到打鐘了，才又餓著肚子，回教室上課。晚上，最多還是煮一鍋粥，一家人一起吃。所以我小學還沒畢業就想出去做事，不念了。但是我大姊還是讓我念到畢業。我最記得，就在畢業前一個月，老師說我們畢業生要買一個茶桶，送給學校當畢業紀念品。為此，每人要繳交五元。可是我實在拿不出來。就在畢業典禮前兩、三天吧，老師就把我叫起來，當著其他同學的面責問我，說：黃鳳美，買畢業紀念品的錢，大家都交了，為什麼就你沒交？」回家以後，我就割了一些菜去賣。可是怎麼也湊不到那五元。實在沒辦法了，畢業典禮前一天，我就摘了八個橘子，想要拿去賣給校長。怎知，校長太太收了我的橘子，然後說校長不在，錢，過幾天再給我。我湊不足買畢業紀念品的錢，難過地哭了一個晚上。第二天，我也不敢去參加畢業典禮。六個月後，我大哥就被槍決了。

黃逢銀：我被判決以後便被移送新店軍人監獄（原戲院），一個月後又再送回軍法處，然後跟隨最後一批難友移送火燒島（綠島）。在綠島新生訓導處，我原屬第三大隊第十一中隊，後來改調第二大隊第六中隊。集中營裡，老老嫩嫩，什麼人都有。那時候，與我哥同案判決的銅鑼人李兆育（處刑十二年）及羅集基（處刑十二年）等人與我同隊，聽他們說，我才知道我哥已經被槍決了。但是，我當時也不知道家裡的妹妹們有去收屍，還是沒去收屍？我也不知有通知屋家沒？當時一般收屍最少要五百圓的花費。我心裡清楚，以家裡當時的經濟條件，應該是沒有能力去收才對。

黃鳳美：後來，我們也沒接到我大哥被槍決的政府通知。一直到他被槍決以後，我們一個在外頭做事的叔伯阿哥看到新聞，趕緊跑來告訴我們。我們才知道。至於詳細的情況，我們就不清楚了。當時就是政府有通知，我們既沒錢，也找不到路去收屍啊。

黃逢銀：一九六二年二月六日，我的十年刑期屆滿了。但是，二月十四日國防部台灣軍人監獄才以「思想已改進」之由，發給我一紙監獄長李正漢蓋印的「監訓字第〇〇七號」開釋證明書。

我從火燒島轉來以後有問我老妹，當時鄉公所是不是有通知家裡，說阿哥什麼時候要槍斃了，要去收屍什麼的？我老妹講哪有這樣的事情。她講，就只在學校時，她那教導主任講話時講，哦，哪一天，什麼日，啊，什麼日槍斃。就這樣而已。我們全不知。我不在家。家裡也沒有那個能力去收屍。更何況也沒有通知啊。後來我就一直認為，我哥大概已給醫學院拿去剖腹給學生看了。我哪裡想到會還有屍體？還有什麼，我也不知啊。所以我也一直沒去找。

四十二年都過去了。要不是曾梅蘭先生，我們怎麼也找不到我哥的下落。我怎麼也沒想到，那天，突然接到曾梅蘭打來的電話，竟然是說找到我哥了。那時候，我的心情是講，嗯，按好在，又被我們找到了。於是就

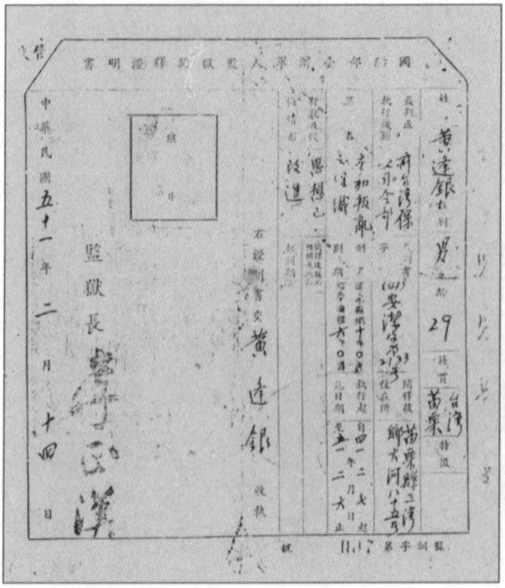

國防部臺灣軍人監獄開釋證明書

姓名 黃逢銀 性別 男 年齡 29 籍貫 台灣苗栗

右證明書交黃逢銀收執

監獄長

中華民國五十一年二月十四日

黃逢銀在綠島新生訓導處與開釋證明書。

去看日子，準備上去台北六張犁，牽他站起來。然後安葬三灣家鄉的塚埔。

尾聲：撿骨

一九九三年農曆十一月十六日。雨後的早晨。黃逢銀夫婦和他那過戶給哥哥黃逢開「兼兩眺」的兒子，兩個妹妹，湯天忠，羅坤春，以及住在山下的曾梅蘭，相約來到台北六張犁墓地發現黃逢開墓石的現場。黃逢銀、湯天忠和曾梅蘭在專門撿骨的土公仔指導下，輪流用鋤頭、圓鍬挖開墓石之後雜草覆蓋的濕潤鬆軟的泥土。終於，當湯天忠挖到容許站人的深度時，在坑側土層裡掘到了幾支狀似遺骨的沾滿黃泥的枝架物。我看到湯天忠把手上的圓鍬輕輕置靠坑旁，然後像給遠來的貴客敬酒那般把那泥枝架靠近嘴邊，再小心翼翼地噓氣慢慢吹淨枝架上沾黏的泥土，說這應該是頭骨，然後把它置放在坑旁草地上平擺的紅白相間的塑料袋上。這時，一直沉默不語的土公仔說，像這樣年輕的屍骨，再過幾年，就什麼也撿不到了。

二〇一六年二月二十二日定稿
二〇一七年七月十五日修訂

一九九三年農曆十一月十六日，黃逢銀全家和湯天忠、羅坤春、曾梅蘭到台北六張犁墓地給黃逢開撿骨。（藍博洲／攝）

黃逢開的遊魂終於回到三灣家鄉的塚埔。（藍博洲／攝）

尋找美濃烈魂

傅慶華

前言

敘事者：一九八八年八月寫完關於鍾理和的童年兄弟鍾浩東與蔣碧玉的亂世戀情《幌馬車之歌》之後，我開始構思以這篇報告文學為大綱的長篇大河小說。在這部長篇小說，我的初步構想是交融鍾理和與鍾浩東的生命史，從他們的童年寫到一九五〇年十月十四日。就在這一天，鍾浩東為其理想信念仆倒台北馬場町刑場，罹患肺病的鍾理和開了兩次刀之後終於獲得「新生」。一死一生。兩兄弟不同命運背後的歷史與人，就是我想述說的主題所在。

蔣碧玉知道我的構想後，從各方面支持了我的寫作計畫。為了讓我更深入進入鍾浩東的生命，她經常向我談起無關歷史的關於鍾浩東的生活細節。一九九〇年三月十日，她又邀我陪她南下屏東高樹鄉鍾家祖墳掃墓。然後我們參觀了鍾浩東兄弟在大路關的童年故居。最後驅車轉往荖濃溪對岸高雄縣美濃笠山腳下的鍾理和紀念館。

天光將暗的傍晚，理和先生的哲嗣鍾鐵民老師從外頭應酬回來，同時還帶了幾位當地熱心地方文化的朋友，其中有中學國文老師，也有長老會牧師。鐵民老師向我介紹，說他們都讀過《幌馬車之歌》，聽說我在這裡，就要過來和我認識交流。我們坐在鍾家

晚年蔣碧玉與青年鍾浩東。（何經泰／攝）

客廳的藤椅上喝茶聊天。話題主要環繞著《幌馬車之歌》揭露的五〇年代白色恐怖的歷史經驗。他們提到，除了鍾浩東，美濃還有另外兩名犧牲者，一個是傅傳魁，還有一個是傅慶華。據他們所知，傅慶華和傅傳魁是親戚，傅傳魁又是因為傅慶華的關係而牽連涉案。他們希望我能把傅慶華的故事也寫出來。我推辭說鐵民老師是我的前輩，又是在地人，還是由他來寫比較合適。然而，不管我怎麼推辭，鐵民老師還是再三堅持由我來寫比較適合。最後，我只好當仁不讓地答應了。

問題馬上來了。關於傅慶華，事實上，他們所能掌握的訊息也只是在五〇年代犧牲而已。其他背景，他們一概不知。那麼，我將依據什麼來寫傅慶華的生命史呢？問題是，我既然答應人家了，就不能知難而退。況且，經驗告訴我，只要有了起頭的線索，循線追尋，終究會查出起碼的輪廓的。這樣，對歷史，對傅慶華，總是一個交代吧。因此，蔣碧玉北歸之後，我就自己留在美濃，借住友人的客家老宅，準備展開我的尋訪傅慶華生命史的歷史之旅。我不知道，這次旅行將從何開始，如何結束。一切都在茫無頭緒之中。

幾天後，事情終於有了眉目。鐵民老師通過傅慶華的外甥劉玉雄先生，打聽到一個傅慶華的小學同窗鍾炳金先生。三月十六日晚上，我便按照鐵民老師給我的訊息，由劉玉雄先生陪同，在美濃街上找到鍾炳金先生，並且進行了第一個歷史見證人的採訪。

從此以後，我就在南北各地，循線展開長達近十年的尋訪傅慶華之旅。

一、破題

鍾炳金：我和傅慶華是美濃同鄉。我家住在美濃庄上。他住在竹頭角，距離約有兩、三公里吧。我的出生日期是一九二五年九月十六日。傅慶華比我小一歲。不過，日據時代讀美濃公學校時，從一年級到六年級畢業，我們兩人都同班。我和他最要好，兩個人每天都玩在一起。他的頭腦很好，一直都當班長，可以說是竹頭庄公學校創校以來表現最好的學生。

據我所知，傅慶華的家境清苦，父親早逝，他大哥傅慶雲以耕田維生，並供給他上學。我記得，有一年，日本人校長樋口帶領旗山郡下各公學校的學生到日本內地參觀旅行。一般說來，參加的學生必須具備兩個條件：首先，成績要達到一定的標準，這是前提。其次，家裡的經濟環境要付得起昂貴的旅費。傅慶華家境雖苦，還是去了。從這一點，就可以知道他大哥是多麼疼愛他了。

旗山郡下各公學校六年級資優生到日本內地參觀旅行，第一排左四吳聲潤，左七傅慶華。（吳聲潤／提供）

公學校畢業後，我們就不在一起讀書了。傅慶華又念了一年高等科，然後考上台中高等工業學校機械科。我則考入高雄中學校，畢業後再考上台南師範。但是，放假回來，我們又會玩在一起。

敘事者：三月十七日早上，我又來到鍾家，第二次採訪鍾炳金先生。訪談結束之後，他又應我的要求帶我去傅慶華的老家看看。他於是開著那輛黑色的林肯轎車，載著我和劉玉雄先生，穿梭於美濃鄉間彎曲的巷弄，前往竹頭角。在傅慶華的老家，我們見到了傅慶華的大嫂。但是，她對自己僅有的小叔的事情所知不多，因此也就沒有什麼可供參考的材料。然而，她還是帶我們參觀了一直荒廢的傅慶華的房間，並且訴說著突然想起的當年她老公如何給這個小叔的新婚操辦新房的往事。也就在堆棄角落的書桌的抽屜裡，我們意外地看到了應該是傅慶華的哥哥傅慶雲生前替他保存的一些遺物，其中就包括記錄了他的學業與身體檢查資料的台中工業學校機械科的成績單。

第一學年，一九三九年，十五歲。四月十七日第一次檢查：身高一四五點五公分，體重卅二公斤，胸圍六十八公分。視力一點五。十月廿三日第二次檢查：身高一四七點八公分，體重卅六公斤，胸圍七十點五公分。視力一點五。學年成績：甲，第二名／全科四十三人。

第二學年，一九四〇年，十六歲。四月九日檢查：身高一五〇點四公分，體重卅九點六公斤，胸圍七十公分。視力一點五。學年成績：甲，第三名／全科四十三人。

第三學年，一九四一年，十七歲。四月十八日第一次檢查：身高一五四點四公分，體重四十一公斤，胸圍七十五公分，視力一點二。第二次檢查：身高一五八點六公分，體重四十三公斤，胸圍八十四點七公分。學年成績：甲，第三名／全科四十一人。

第四學年，一九四二年，十八歲。四月十七日第一次檢查：身高一六一點四公分，體重四十七點七公斤，胸圍七十八點八公分，視力一點二。十月廿四日第二次檢查：身高一六四點九公分，體重四十五點二公斤，胸圍八十點五公分。學年成績：甲，第一名／全科卅九人。

總的來說，從一九三九年到一九四二年，十五歲至十八歲的傅慶華，長高了十九點四公分，增加了十三點二公斤，胸圍也擴寬了十二點五公分。學業成績也一直保持在前三名。反常的是，最後一學年，體重不增反減，從第一次檢查的四十七點七公斤降為第二次檢查的四十五點二公斤。這也具體說明，隨著太平洋戰爭爆發，殖民地台灣物質短缺的實況

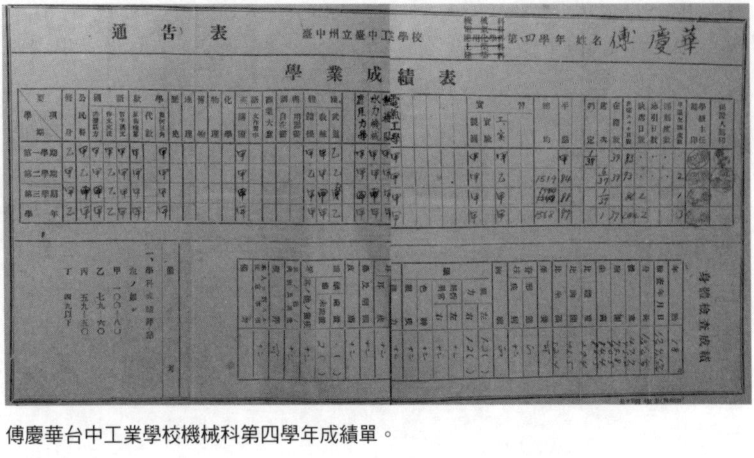
通告表　臺中州立臺中工業學校　第四學年　姓名　傅慶華

學業成績表

身體檢查成績

傅慶華台中工業學校機械科第四學年成績單。

吧。

鍾炳金：太平洋戰爭發生後，日本當局於一九四三年開始徵召學生兵。我在師範畢業後被徵調。傅慶華也被徵召到工廠當第二補充兵。這段期間，我們兩人就比較沒有機會往來。

日本戰敗後，我從日軍部隊回到美濃家鄉。由於戰爭的破壞，景氣一時還沒有恢復過來。一時之間，我還找不到什麼事做，也就賦閒在家，天天看《水滸傳》、《三國演義》等經典的章回小說，一面學習中文，一面打發時間。

一天下午。午睡醒來，我坐在藤椅上，就著窗外照進來的秋光，津津有味地讀著《水滸傳》的時候，有人走了進來。他站在藤椅後頭輕輕地摸摸我的頭，用客家話說阿炳仔，在讀什麼書？看得那麼入神。我抬起頭，看到是久違的傅慶華，高興地站起來，抱著他說什麼時候回來的？我們然後坐了下來，談些過去的種種以及近況。怎麼樣？傅慶華關心地問我說還沒有找到工作嗎？不急，不急。我無所謂地說，轉而問傅慶華說你呢？傅慶華說他在六龜土壟灣發電所作接收主任。

敘事者：土壟灣發電所位於美濃竹子門發電所上游約五公里，也就是日據時期的高雄州屏東郡六龜庄土壟灣。它是殖民當局為了提供二層行溪埤圳工事的動力而設置的附帶工程，利用荖濃溪水的落差發電，供應南部地區民生用電。一九一二年開工，一九一七年十二月竣工。它見證了「工業日本，農業台灣」的殖民地歷史。一九六三年更名土壟灣發電廠。一九七七年十月與竹門發電廠（原竹子門發電所）合併為高屏電廠。一九九二年七月，在高屏電廠更新計畫下，原土壟灣發電所原有廠房被拆除。土壟灣舊地的光彩盡失，僅僅只是地籍編號而已。

鍾炳金：後來，我們又談到台灣光復以後的社會狀況與一般時勢。一直到天就要暗了，傅慶華才說他要回竹頭角。我極力留他在家吃晚飯。他說什麼也不答應。他婉拒說家裡他阿母和大哥還在等。我說好吧，就不留他了。他回到家還那麼遠，我就要他騎我的腳踏車回去，出來時再騎還我。我於是出去牽車，推到門口。他也不客氣，騎了腳踏車就前進。我站在門口，目送著他的身影消逝後才走進屋裡。

第二天傍晚，日頭落山，天就要暗下來時，傅慶華騎著腳踏車來還我了。他先向我道謝，然後說要搭巴士回土壟灣上班。我就說我送他去搭車。他沒有拒絕。我們就邊走邊聊，一直聊到不遠處的客運站。我送他上了公車，等到巴士駛離客運站後，才自己一個人慢慢走回家。

後來，每個星期六下午，傅慶華放假回美濃，都會來向我借腳踏車。通常，他都是在晚飯時間過後才到。有幾次，他還帶了一些大陸進來的雜誌，像是《觀察》、《展望》等等給我看。有時候，他還留下來，就雜誌的內容和我談到天亮，然後才騎我的腳踏車回竹頭角。晚飯後，他又把車騎回來還我。我們就延續前一晚的話題，繼續談到天亮。那時候，我已經到美濃中學教書了。他就陪我走去學校上課。一路上邊走邊聊。話題總是圍繞著國際局勢、中國問題與台灣前途。

觀察

三十七年九月四日

第五卷 第二期

論政府大捕學生 從幾個世運選手拒絕回國說起 潘光旦
民主主義與社會主義補義 張東蓀
紅帽子在美國 段連城
文明在生死之間 Arnold Toynbee
最完整的人格 李廣田
燕京被搜在場談話 陸志韋
觀察通信
北平大拘捕
南京大拘捕
關中搶糧戰
鄧錫侯遲不赴任的原因
何其芳的轉變 沈宗濂

有一次，美濃農會僅有的一台磅秤壞了，附近又找不到人會修。傅慶華放假回來的時候，我就向他提起，同時故意問他，說你不是學機械的嗎？能不能修修看。他對我說他對磅秤不在行。不過，他有一個朋友，大概沒問題。第二天，他就搭車進六龜，找了個朋友來修。果然就把磅秤修好了。然後，他就帶著他那個朋友到我家聊天。傅慶華向我介紹說，他的朋友名叫吳聲潤，六龜人，日本芝浦工業大學機械系畢業。傅慶華得意地說，一個磅秤還難不到他。不過，傅慶華又感慨地說，他現在還沒有找到合適的頭路。這之後，我就沒有再見過吳聲潤這個人了。

土壟灣發電所的接收工作告一段落後，傅慶華就被調到台北台電總部上班。因為交通不便，他回家的次數也少了。我和他見面的機會也就少了。等到再見面時，他就被捕了。

二、松山第六機械廠

敘事者：通過鍾炳金先生對往事的憶述，我對傅慶華終於有了初步的認識，同時也對尋找傅慶華生命史的工作有了信心。我想，就像當年抓人的特務一樣，我只要找到第一個歷史見證人，其他人就可以一個接一個地陸續咬出來。而且，我已經通過鍾炳金先生敘述的內容得知第二個歷史見證人吳聲潤的名字了。

第二天早上，我又再度拜訪鍾炳金先生，繼續前一天晚上未完的採訪。我首先請鍾先生談談他所知道的傅慶華被捕的情況。但是，他並沒有正面回應我的提問。既沒有說好也沒有說不好，只說水快滾了，先喝杯茶。茶泡好了，也入喉了。他才告訴我，他已經替我打聽到吳聲潤先生的電話號碼，希望我盡快與吳先生聯繫。他說他相信吳先生知道的事情肯定比他要多。

1944 年 20 歲時的吳聲潤。（吳聲潤／提供）

兩天後。我在台北林口一家工廠見到了吳聲潤先生，並且給他做了關於傅慶華的詳盡的採訪紀錄。

吳聲潤：我是高雄六龜人。一九二四年六月出生於經營樟腦生產事業的家庭。一九五〇年十二月底，我和傅慶華同時被捕，處刑十二年。

我認識慶華是在十二歲那年，也就是我讀六龜公學校六年級的時候。我和他一樣，作為學校代表，參加了旗山郡下各公學校優秀學童日本修學旅行團。由於我們同是團員中少數的客家人，自然就在旅途中熟識起來，並且滋生了一種惺惺相惜的情感。我十三歲時父親過世，第二年，肄業於旗山高等科的我得到祖父支持赴日求學。公學校畢業後，我和慶華因為在不同的地方求學，一直沒有再見過面。一直要到台灣光復後，我們才又在六龜重逢。我還記得，那是光復第二年二月的某一天，他突然到我家來找我。當時我才剛從日本回來沒幾天。儘管我是東京芝浦高等工業學校機械科（今芝浦工業大學機械系）畢業生，卻因為沒有什麼人事關係而失業在家。見到久未見面的同年好友，我高興極了，問他怎麼知道我回來了。他告訴我，他在土壟灣發電所上班，已經到我家找過幾次了，今天總算給他等到了。我們接著就聊起公學校畢業以後各自的經歷。話了一陣家常之後，他關心地問我有沒有什麼打算？我有點消極地說打算也沒什麼打算，但願能趕快找到工作，貢獻自己的所學，只是，要找個跟自己所學有關的頭路，恐怕也不是那麼簡單。他聽了就安慰我說他會盡力幫我找找看。後來，他一直沒能給我找到理想的工作。可是我並沒有因此責怪他不盡力。我把他當作是自己唯一可以深談的朋友，幾乎每天都去找他聊天。不久以後，他被調到台北總公司。我只好自己一個人在六龜家裡，一邊到旗尾山上幫祖父採伐相思樹的沉木，一邊待業。

大約是九月初吧，我從報上看到台北有家公達化工廠徵技術員的一則啟事，就立刻趕到台北找慶華，當面徵詢他的意見。他非常鼓勵我去應徵，說先找個事做，總比在家閒著要好，要我去試試看，如果不滿意再慢慢找別家。我於是去那家化工廠報名，然後在他的單身宿舍住了下來，準備考試。一個星期後，我收到廠方的錄取通知，去看過勞動條件惡劣的工廠後就立刻趕回家鄉，稟報祖父與母親。第二天一早又帶著簡單的行李再度北上。

起先，我仍然借住在傅慶華位於南昌路的單身宿舍。白天，我們各上各的班。下了班，兩人就一起吃飯聊天。我們經常到大稻埕民生西路上的波麗路咖啡店，一面喝咖啡，一面閒聊。大概是十一月初，有個星期日，我們在那裡遇到一個我在東京求學時認識的朋友。他和我聊了一會，互相知道彼此的近況後就問我，說我學的是機械，怎麼不到長官公署經營的台灣工礦公司鋼鐵機械分公司做事？那裡應該比較適合我才對，而且，那裡也比較有保障有發展。我不是不想。我告訴他說沒有人事關係，要怎麼進去？他笑了笑，拍拍我的肩膀，說這個我不用擔心，他會給我打點。我的朋友姓官，在工礦公司台北第六機廠擔任會計，父親在法院做推事。十二月初，我果然通過他的介紹，進了台灣工礦公司鋼鐵機械分公司第六機械廠度量衡部門當技術員。

第六機械廠位於松山台灣鐵道機械工廠的東側，設有鑄造、機械、鉗工、度量衡器組立、裝配、鍛造等六部，當時是台灣唯一標準度量衡的製造工廠。我是場內度量衡部門的負責者。我進了松山第六機械廠一段時間以後，傅慶華就向我說想多學點機械方面的技術，問我能不能想辦法把他也介紹進去。我隨即回他說試試看。一九四七年農曆年

波麗路咖啡店。

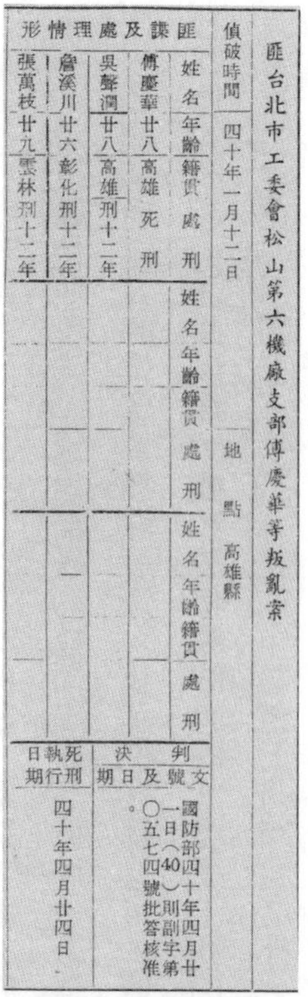

匪台北市工委會松山第六機廠支部傅慶華等叛亂案

偵破時間　四十年一月十二日　地點　高雄縣

匪諜及處理情形

姓名	年齡	籍貫	處刑
傅慶華	廿八	高雄	死刑
吳聲潤	廿八	高雄	刑十二年
詹溪川	廿六	彰化	刑十二年
張萬枝	廿九	雲林	刑十二年

判決文號及日期：國防部四十年四月廿一日（40）則副字第〇五七四號批答核准。

死刑執行日期：四十年四月廿四日

安全局「匪台北市工委會松山第六機廠支部傅慶華案」。

過後沒多久，他就通過我的介紹進入松山第六機廠服務。那時候，我們已經搬離電力公司他的單身宿舍，住進古亭町新高牛奶糖公司附近的日本人留下的房子。

敘事者：我和吳聲潤先生的訪談持續進行著，並沒有就此打住。一九九一年十二月卅一日，李敖出版社公開印行了「完全以原寸影印方式印製」的安全局機密文件《歷年辦理匪案彙編》。這部彙編共分兩輯，一共一百六十二件案子，涉案時間從一九四九年到一九五八年。後來，我在這份「機密文件」第一輯「匪台北市工委會松山第六機廠支部傅慶華案」的資料中看到，除了吳聲潤之外，傅慶華在松山第六機廠還有一個同時涉案的同事——技工詹溪川。詹溪川和吳聲潤一樣處刑十二年。然而，在採訪吳聲潤的時候，我並不知道有詹溪川這條線索。因為我沒有主動提問，吳先生也就沒有主動告訴我。因此一直要到一九九四年的農曆年後，我才又通過吳先生給我的電話號碼聯絡上詹先生，並且在那年的三月廿二日下午，在彰化縣永靖鄉給他做了採訪。

作為敘事者，接著我就要交織著吳聲潤和詹溪川兩位倖存老人的證言，試著來編織傅慶華在台灣工礦公司第六機械廠的樣貌。

詹溪川：我是彰化永靖人。日據時代，我在高等科畢業後考上了台中工業學校的木模科。可是我並沒有去讀，直接到日本一家機械工廠工作，學習實際操作的技術。台灣光復後的第二年，我才從日本回到台灣，並且通過考試進入台灣工礦公司第六機械廠。剛進工廠的時候，因為年歲較小，學歷又

詹溪川，一九九四年三月廿二日，彰化永靖。（藍博洲／攝）

不高，所以職位並不高，只是一般的技術工人。後來，廠裡有幾件精密機械出了問題，作為裝配部負責人的傅慶華無法解決，我卻把它解決了。他因此很看重我，並且把我調升為他的助手。從此以後，我和他接觸的時間就多了。我的年紀比他小兩三歲。工作之餘，我們常在一起聊天。除了一般工作業務上的問題之外，我們討論的主要是如何提高

員工的工資與福利、台灣的社會矛盾，以及如何認識中國等等話題。

吳聲潤：傅慶華進了松山第六機廠後，我們相處的時間就更多了。儘管我們兩人很投機，可是偶爾對一些問題也會因為看法不同而發生意見的衝突。他的個性比較激烈、理想化，而我就相對保守、現實化。從某方面看，我的溫和恰恰可以牽制他的直勇。當意見爭執僵持不下時，我們就會到院子裡的草地上相撲，一直扭到彼此大氣都喘不過來時又再進屋，繼續辯論。通過這樣一次又一次的爭論，漸漸地，我對他這個朋友的認識也更深刻了。在我看來，他始終對不公不義的事情抱著打不平的生活態度。他肯犧牲自己來為別人服務，具有我們客家人傳統的正義感。他時常向我提到，理想的人類社會就該是人人平等。他認為，窮苦並不是窮人家永遠無法改變的命運。只要我們去改變它。可是，我的看法就和他不太一樣。我認為，人人平等，是一個無法實現的理想。個別的窮人，也許可以通過努力或者其他方式，改變自己的命運。但是，不管任何時代，總會有新的窮人產生。也就是說，人類社會的貧富差距是無法改變的事實。其實，我並不是反對他的理想，只是悲觀地認為，人類社會在未來的一兩百年還很難解決貧富矛盾的問題而已。

也因為那樣的信念，傅慶華到松山第六機廠不久，就站出來為廠裡的工人爭取權益。

當時，第六機廠的制度仍處於半封建的組織狀態。他很快就看到，由於廠方採行的所謂包工制，僱傭工人的工資由工頭自行訂定，這中間就產生了嚴重的剝削。他於是向我表達了自己的看法。我也同意他的看法。我向他表態，說其實我對這種不合理的現象早就看不過去了，可是光靠自己一個人也使不上力。他說那我們兩個就出來向廠方反映，同時要求廠方從根本改革廠裡的包工制度；這樣才能消除這種不合理的僱傭關係。第二天，我們兩人就向廠方作了反映，並且提出一份相對合理的建議案。我所屬的磅秤部（度量衡部），工程單純，改起來比較容易。可是他負責的部門，利益關係複雜，改革阻力相當大。然而，他還是取得了獲有柏林大學機械博士的少將廠長何得宣的支持，最終推翻了原有的包工制。

我們的做法使得那些工頭的既得利益被部分削減了。有一天，他們便趁著傅慶華落單的時候，教唆手下圍毆他。他奮力突圍後急忙跑到磅秤部找我，準備兩人聯手來迎接他們的追擊。還好，他們並沒有再追過來，一場衝突才沒有擴大起來。

廠裡的包工制度改變以後，一般工人的工資不必再經由工頭發放，改由廠方直接發放，因此提高了很多。這樣，傅慶華與我也在廠內建立了一定程度的聲望。原先，因為我們都是從南部上來的客家人，又都剛來不久，廠裡那些年資比我們久的講河洛話的工人並不是那麼把我們看在眼裡。現在這些現象都不再有了。一百多個工人對我們的態度也完全改變了。何廠長也因為這件事而非常欣賞、重視我們兩人，還特別在東門永康街附近買了一棟日本人留下來的房子，給我們當宿舍。

詹溪川：我的個性比較活潑、熱情，而且喜好運動。因為這樣，我在廠裡頭的人面很廣。那時候，我除了跟傅慶華努力學習有關中國歷史及社會研究的知識之外，也和廠裡頭一些愛好運動的工人們組了一個非正式的排球俱樂部，利用星期假日到鐵道部、啤酒會社、煙草局和樟腦局的工廠，跟其他工人們進行聯誼。傅慶華後來也透過這種打球聯誼的活動，把團結的工作做到這幾個工廠裡頭去。然而，因為時間太短，還來不及有更進一步的發展時，他就不得不離開松山第六機廠了。

三、祖國，同鄉與組織

敘事者：由於年代過於久遠，詹溪川告訴我說，許多事情，他實在想不起來究竟是在什麼時候發生的了。對從事歷史報導寫作的我來說，長久以來，最痛苦的事情莫過於把受訪者所說的故事在時間上理個清楚。時間如果不準確，敘事的可信度就要打折扣。

甚至在一些關鍵的歷史節點上，差一天或兩天，對於重大的歷史事件就會有完全不同的解釋。所以不能不查。這點，寫小說的人就完全不必自討苦吃了。

儘管詹溪川先生也無法確切記得自己的敘事是何年何月之事。可是從內容上推測，我想那應該是在二二八事件以後的事了。現在，我們不妨回頭聽聽吳聲潤來談他和傅慶華的二二八經驗，然後再來聽聽，在事變後，他、詹溪川以及傅慶華的思想狀態有些什麼樣的變化。

吳聲潤：我和傅慶華從古亭町搬到永康街的宿舍已經是一九四七年的二月下旬了。廿八日那天，台北市區已經因為前一晚延平路查緝私菸引起的警民衝突而騷動起來了，可我們在工廠工作，並不知道外頭的情況。下了班後，我們如同往常一般搭廠裡的交通車回去住處，在路上卻被一群青年攔下來，說是要檢查車內有沒有「豬仔」。因為車上確實坐著許多外省籍同事，大家都很緊張，一片恐怖的靜默在空氣中流淌著。一個青年圓睜著憤怒的眼睛環視車內後突然指著我問有沒有阿山仔？我以日語據實回答說有，他們都是善良的同事，不曾欺壓本省人，請你放過他們吧。慶華也隨即靠過來用日語說拜託。他們大概是看到我們的態度誠懇就下車了。危機解除。交通車繼續前行。車內仍然無聲無息地安靜著。一直到駛進市區後才聽到他們陸續說著：謝謝傅先生，謝謝吳先生。

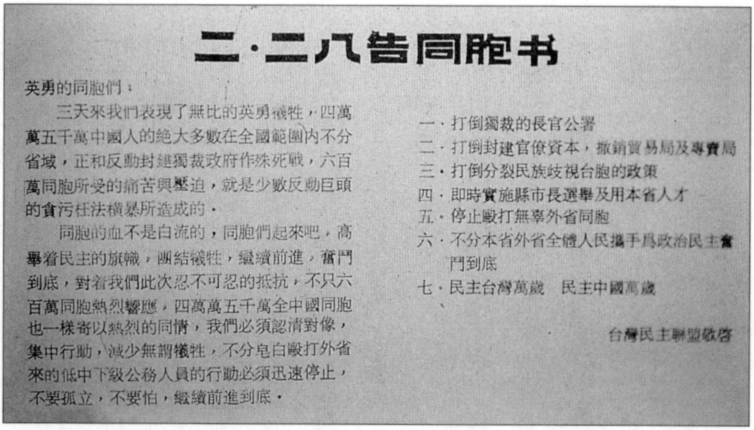

二·二八告同胞书

英勇的同胞們：

三天來我們表現了無比的英勇犧牲，四萬萬五千萬中國人的絶大多數在全國範圍內不分省域，正和反動封建獨裁政府作殊死戰，六百萬同胞所受的痛苦與壓迫，就是少數反動巨頭的貪污枉法横暴所造成的·

同胞的血不是白流的，同胞們起來吧，高舉着民主的旗幟，團結犧牲，繼續前進，奮鬥到底，對着我們此次忍不可忍的抵抗，不只六百萬同胞熱烈響應，四萬萬五千萬全中國同胞也一樣寄以熱烈的同情，我們必須認清對像，集中行動，減少無謂犧牲，不分皂白毆打外省來的低中下級公務人員的行動必須迅速停止，不要孤立，不要怕，繼續前進到底·

一·打倒獨裁的長官公署
二·打倒封建官僚資本，撤銷貿易局及專賣局
三·打倒分裂民族歧視台胞的政策
四·即時實施縣市長選舉及用本省人才
五·停止毆打無辜外省同胞
六·不分本省外省全體人民攜手爲政治民主奮鬥到底
七·民主台灣萬歲　民主中國萬歲

台灣民主聯盟敬啓

二二八事件的傳單。

回到住處，我們聽了廣播，這才知道台北已經發生暴動了。

三月九日早上，我們從住處散步到水道町（今水源路）那家我們包伙的飯館吃早餐。可是，當我們走到那裡時卻看到那家日式建築的飯館幾乎已被機槍掃爛了。唉呀！飯館老板看到我們兩個走進來大為驚訝，說外頭已經戒嚴了，我們怎麼還敢胡亂走動。他連聲叫我們趕快回去，趕快回去。他一面叫我們趕快回去，一面就拿了一些米和木炭給我們。我們搞不清楚狀況，有點莫名其妙。老板於是告訴我們說昨天晚上阿兵哥「清鄉」的情景，要我們沒事就躲在屋裡別出門了。

對這場二二八事件，我們並不感到意外。事實上，就光復以來所看到的一些接收官員胡作非為的惡行，我們早就預料到，這樣的暴動遲早會發生的。我記得，在六龜久別重逢那天，傅慶華就和我談過他自己所碰到的接收經驗：日據末期，日本政府為了供給太平洋戰爭的軍糧所需，在台灣發動了「糧食奉獻運動」，各地的倉庫裡於是積存了大量的米。光復後，美濃庄下的百姓便到原本被充作倉庫的善堂，要把過去被日本政府所逼而不得不「奉獻」的米搶回來。可是傅慶華卻一個人站出來，阻止那些民眾搶米。他告訴他們，沒錯，這些米原來是我們的，可是現在台灣光復了，我們就應該等祖國派人來接收以後再照規矩申請，請他們發還我們才對。那些純樸的村民們聽了他的話都說有理，並且還直誇這個青年懂事。此時，傅慶華卻痛心地對我說，沒想到，那些接收官員來了以後讓鄉親們失望了。

在日本殖民統治時代，我一直不認為自己是日本人，只認定自己是中國人。我在日本上學時，日本發動太平洋戰爭，我就和我的同學說日本一定會戰輸。旁邊一個日本同學聽了不高興破口罵我清國奴。我不能忍受這樣的辱罵，就毫不遲疑地出手和那個日本學生拚命。光復第二年的二月，我懷著回歸祖國的熱情從鹿兒島搭上一艘開往台灣的日本驅逐艦。當船駛抵基隆時，船上舉行了升旗典禮。我站在人群中高聲唱著三民主義……。我看到那面青天白日滿地紅的旗幟冉冉地升上艦艇的旗桿上。我的眼淚早已不能控制地流了滿面。下船後，我看到港口附近有許多穿著草鞋邊走邊吃香蕉的國軍。可是我並沒有因為他們穿得不體面就看不起他們。我心裡想，祖國的物資這麼匱乏卻抗戰了八年，真難為了這些青年啊。然而，後來當我親眼看到一個國軍用刺刀買東西時，就開始對這樣的祖國打問號了。

詹溪川：我在日本期間，因為現實生活上經常碰到日本人民族歧視的侮辱，所以很早就有了自己是中國人的根深柢固的民族意識。但是，光復以後，我和絕大多數的台灣青年一樣，很快就對那些接收官員帶來的祖國失望了。有一次，我和傅慶華討論到中國問題時忍不住嘆了一口氣，然後向他搖搖頭說，我沒想到，自己的祖國竟是眼前這麼一種德性。傅慶華聽到我這麼說也沒有立刻說什麼，有一會之後，他看到我的心情似乎平靜下來了才緩緩地告訴我，說我們對祖國的認識都太不夠了，他也有過像我這種心情。他相信一定有很多台灣青年也有同樣的苦悶。可是，他認為這都是因為我們沒有真正認識祖國究竟長得什麼樣子。因為見面以前有太多自己的幻想，一旦見了面後也難怪會有那麼大的失望。是啊，我點了點頭，告訴他，說他的分析很有道理。然後我又問他說問題是我們未來該怎麼辦呢？台灣總不能就這樣一直爛下去吧。他笑了笑，然後拍拍我的肩頭，向我暗示性的說除了現在這個，還有另一個祖國呀。聽他這樣講，我就本能地把說話聲音降低，小心翼翼地直接問他說他說的是不是毛澤東領導的中國共產黨？他並沒有給我什麼確定的回答，只是笑了笑，然後結束了這次談話。

吳聲潤：經歷了一場二二八後，我原先對祖國所抱的期望也徹底破滅了。我不知道台灣該往哪裡去？就在這樣的共同心理下，傅慶華在廠裡頭推動了重新認識祖國的讀書與討論活動，並且很快就在松山第六機械廠的工人之間活潑展開。隨後，通過閱讀《觀察》、《展望》等公開發行的雜誌，我們也逐漸認識到：在祖國大陸，除了蔣介石及國民黨之外，還有另一個毛澤東及共產黨。我們也讀了馬克思和毛澤東的一些著作。

詹溪川：其實，我在日本工作的期間就已經聽到過毛澤東的名字。那年，我已經十六歲了。有一天，我看到報紙上刊載了一則正在日本養病的汪精衛的專訪報導。記者問汪精衛，人家都罵他是漢奸，不曉得他個人對這種說法有什麼意見？我還記得，當時汪精衛說，他認為中國的漢奸不只是他而已。如果照記者的說法，中國應該有三個大漢奸；除了他之外，另外兩個就是蔣介石和毛澤東。汪精衛的話究竟是什麼意思？我當時也搞不太清楚。但是，我就是這樣第一次聽到毛澤東的名字的；而且知道，在汪精衛眼裡，毛澤東是一個可以和他及蔣介石並列的人物。從此以後，我就開始對毛澤東和他領導的共產黨感到好奇，只要是有關這方面的報導都會自己找來看。

吳聲潤：通過傅慶華推動的重新認識祖國的讀書與討論活動，我對祖國有了比較深刻的了解，也在這樣的認識基礎上思想逐漸左傾。就像許多同時代的青年一樣，我也從對「白色祖國」的失望轉而期待另一個「紅色祖國」的革命將為未來的中國帶來新的希望。與此同時，我這才發覺，傅慶華早在廠裡頭發動改善工人工資的抗爭時已經達到這種思想的認識高度了。我記得，他在進行抗爭的過程面對那些工頭的舊勢力阻撓時曾經對我說了一句共勉的話。他說我們就活這麼一輩子，不管怎樣，一定要做些自己想做對社會又有意義的事情。當時，我只隱約感到他似乎在向我暗示一些沒有明說的什麼。可是對社會主義的思想還一無所知的我，終究沒有真正理解他話裡的意思。這時我終於懂了。同時我也能體會到他當時的苦心。我以為，他是為了照顧相知多年的好朋友而刻意不引領我走上那條坎坷多險的路吧。我這樣體會著他的用心，因此也就不把心裡的話講明。我們兩人就極有默契地在廠裡頭一起做著教育工人的工作。

敘事者：不管是公學校同窗鍾炳金，或是工廠同事的吳聲潤和詹溪川，他們的證言，即便是偶有這樣那樣的出入，總的來說，還是從不同的視角描繪了傅慶華的生命輪廓。

一九九〇年三月十八日下午，也就是第二次採訪鍾炳金的第二天，他又介紹我認識了另一個與傅慶華的生命有過交會的同鄉楊運登先生。楊先生與傅慶華同是竹頭角人，定居台北，因為掃墓祭祖而回到家鄉。他說，因為聽到鍾炳金先生提到我在採集傅慶華的生平資料，想要給他留下一頁歷史紀錄，於是就主動要跟我談談他所知道的傅慶華，也許對我的寫作會有些幫助吧。

在進行訪談前，楊先生客氣地向我表明了身分與立場。現在，就讓我們隨著楊先生加入的敘述從另一個側面來認識傅慶華吧。

楊運登：我和傅慶華從小一起長大。我的年紀比他稍大一些，在美濃公學校讀書時也高他一級。因為家住得近，我們每天都一起走四公里遠的石子路去上學。他當時參加了學校的童子軍，非常活躍。在我的印象裡，他的口才好，熱血、自負，具有一股鶴立雞群的領袖氣概。公學校畢業後，我們因為到不同的地方求學，就很少在一起了。台灣光復後，我們曾經一起在地方上搞過三青團和新中會等團體，學習國語，也學唱國歌，然後再教一般民眾。當時，我們都對回歸祖國以後的未來充滿希望。後來我到台北公賣局樟腦廠上班。我們就一直未曾見過面。

大約是在民國三十六年吧，將近年底的一天傍晚，我下了班，從工廠回永康街宿舍的時候，竟然在巷子裡頭碰到傅慶華。他先看到我，驚喜地向我招呼說你不是運登哥嗎？哦——我看到迎面走來的他，隨即同樣驚喜地說原來是慶華啊。我又問他說你不是在六龜的發電廠上班，怎麼會在這裡呢？他告訴我他已經到工礦公司松山第六機械廠上班，宿舍就在附近。他又問我說你呢？我說我也住這裡，四十七巷，公司的宿舍。我邀他到我家坐坐。他沒事就跟我到家裡坐坐。當時我已經成家了。他和他的同事吳聲潤住在一起，兩個都還是單身漢。後來他們經常吃過了晚餐就到我家喝茶、聊天。再後來，他們乾脆每天晚餐都在我家搭伙。

敘事者：聽到這裡，我覺得奇怪的是，為什麼吳聲潤先生沒有跟我提起這事呢？我把心裡的疑問問了楊先生。他先是有點意外，停了一下，又說，他們坐過政治牢的人就是這樣，如果沒有必要，就儘量不去牽扯到別人。我想想也有道理，於是繼續聆聽楊先生憶述。

楊運登：一段時日之後，我從傅慶華的談話中了解到，我這個從小就有領袖氣概的同鄉在廠裡頭還是很活躍。他的技術又好，所以很受廠長重視。我也注意到，他的政治意識很強，經常就中國內戰的情勢發表自己獨到的看法。我覺得，他的看法相當深刻地掌握了一般報紙上看不到的事實。我平時不大管政治，也不清楚他都在外頭搞些什麼。可是以我對他的認識，總覺得這樣下去，早晚會出事的。我於是忠告他，說這些話在外頭還是不要隨便跟人家談比較好。但是他總是以無畏的微笑回答我。

有一次，我向他談到自己廠裡一些不合理的事情，言語間不無批評的意思。他就順勢對我說，看到不合理的事情就要向上頭反映，如果上頭不解決，就要去爭取。我消極說自己一個人，一點力量都沒有，再爭也不會有用的。他就說，所以你就要團結其他工人，搞怠工或罷工。我沒再說什麼。我心裡想，向上頭反映是沒什麼關係，試試也無妨；可是罷工，不但搞不起來，還會被殺頭的。這次談話之後，他就拿了一本《觀察》雜誌和幾本介紹唯物辯證法的書給我看。我收了那些書，利用下班時間隨便瀏覽了一下，也沒有感到太大的興趣，就擱在桌上。他大概是發現我這位同鄉老哥的確對政治不感興趣而且又有家室了，以後就絕口不再向我提這些事。

敘事者：除了楊運登先生之外，傅慶華在松山第六機廠任職期間，還有一個美濃同鄉曾經與他聯繫。

一九九四年十一月十日，我去新店探望罹患癌症的蔣碧玉，巧遇早在一九九〇年元月廿四日就已經採訪過的鍾浩東的弟弟鍾里志先生。其實，在那次訪談中，他已經向我提過傅慶華的名字，只是當時我還沒有正式展開尋訪傅慶華之旅，所以就輕易地讓它像路人甲那般溜了過去。這次，在聊天時，他又向我提到他在擔任基隆中學出納組長期間曾經與傅慶華有過接觸。我於是抓緊這個問題，請他詳談他所知道的傅慶華，以及他們來往的經過。

鍾里志：在美濃公學校就讀期間，傅慶華比我高一級，彼此雖然認識卻沒什麼往來。台灣光復第二年的秋天，我哥哥鍾浩東擔任基隆中學校長，同時請我去當出納組長。那時候，有個叫傅傳魁的美濃同鄉在台大旁邊的台北工業研究所上班。他和郭沫若的兒子同事，而且一起住在古亭町的宿舍。因為這樣，許多同鄉經常會去那裡聊天。我差不多每個月會到台北兩、三次，每次事情辦完之後，一定也會去那裡走走。有一回，我在那裡也見到了傅慶華。他告訴我他在工礦公司松山第六機械廠任職。因為他和傅傳魁是同宗親戚，所以也常

一九四八年基隆中學校長鍾浩東（前排左四）與國文老師藍明谷（前排右一）及其他師生。（台灣民眾文化工作室收藏）

去那裡走動。我們因為是同鄉的關係，見了面，彼此都非常熱情，再加上對時事又有共同看法，以後就常在那裡見面。

我觀察他一段時間後覺得這個人很有正義感，是非觀念清楚，對時事的了解也很徹底。幾次以後，我又帶了學校的國文老師藍明谷來給他認識。二二八事件後，基隆中學的教職員在浩東的領導下組織起來。但是，組織沒有什麼名稱。我和藍明谷及另外一人組成一小組。藍明谷是我的上級，也是小組負責人。傅慶華和藍明谷見了面，聊了好幾個鐘頭。我雖然沒有參加他們的談話，可是我知道他們彼此都非常欣賞對方。後來，藍明谷就沒再直接跟傅慶華見面，但是，他交代我要多跟傅慶華接觸。我於是更加積極與傅慶華來往。後來我就向他暗示，希望他加入我們的組織。他只是笑著婉拒我，說他有自己的路要走。聽他這麼說，我就理解了。我知道，他是在暗示他已有組織關係了。我想，先前他可能也想吸收我吧。既然彼此的狀況都清楚了，以後就不要再有橫的聯繫。後來，我和他就刻意地不再碰面了。

敘事者：安全局機密文件《歷年辦理匪案彙編》第一輯「匪台北市工委會松山第六機廠支部傅慶華等叛亂案」的「綜合檢討」欄記載了有關傅慶華的組織關係。

安全局：傅慶華於民國卅七年初，在台灣鋼鐵機械公司松山第六機械廠充任技術員時，受該廠警衛陳文輝之引誘，思想轉變左傾。同年六月間，由謝匪傳祖介與林匪如堉結識，由林匪吸收正式宣誓加入匪幫。受另一匪徒林某領導。後轉由蔡匪瑞欽領導。與謝匪發連合組該機廠小組，充任小組長。嗣因林匪如堉被捕，轉與丁匪中孚聯絡，先後吸收同廠技術員吳聲潤、技工詹溪川及樟腦局工廠工人周煥，台北鐵路局工務段工務員張萬枝等參加組織。三十八年十二月由丁匪介紹與吳匪思漢聯絡，越年春受吳匪之命，將該小組擴展為支部，由其擔任支部書記。

敘事者：據這份檔案所載，這個官方說法的根據是傅「匪」慶華的「自白書」。這裡，我們雖然看不到這份「自白書」的文本，但是卻可以憑常識就決定不去討論它的可信度。也就是說，它是否是在刑求逼迫下的產物？我們不妨先就這份材料所提到的具體人名，做一個初步的討論，這樣，也許可以幫助我們尋訪傅慶華生命史的旅途繼續走下去。

首先來看看「引誘」傅慶華思想左傾的陳文輝這個人。在吳聲潤印象中，他是福州人，是一個不會歧視本省人的外省人。詹溪川只記得他曾經跟他們一起去游泳，人斯斯文文的，其他就沒什麼印象了。傅慶華在「自白書」中則稱，他已於一九四九年五月間轉回大陸。這裡，有一種可能是，傅慶華的確是受陳文輝影響而思想左傾。也有可能是因為陳文輝已經不在台灣了而故意說他。不管怎樣，這個能夠見證傅慶華思想轉變的關

一九四八年吸收傅慶華入黨的林如堉。

一九四八年六月間介紹傅慶華與林如堉結識的謝傳祖。

鍵人物，在兩岸長期對峙分隔之後，也幾乎無從尋起了。

接著是一九四八年六月間介紹傅慶華與林如堉結識的謝傳祖。根據我的調查，謝傳祖是苗栗公館人。在安全局機密文件《歷年辦理匪案彙編》第一輯「匪台南市委會朴子小組蔡瑞欽等叛亂案」中，也記載了關於謝傳祖與蔡瑞欽的組織活動：

蔡瑞欽係台灣省教育會會長，一九四七年六月參加「奸匪台北市工委會組織」，一九四八年七月間吸收謝傳祖參加「匪幫」。同年八月間，謝傳祖前往廈門大學求學，一九四九年五月間返台。一九五〇年九月三十日以後兩人陸續被捕，一九五一年五月廿一日同時槍決。

據此來看，一九四八年六月間，謝傳祖介紹傅慶華與林如堉結識的時候還沒有參加「匪幫」，所以他和傅慶華之間應該沒有什麼組織關係才對。然而，因為他已經在馬場町刑場仆倒多年，我們也就無法探知他和傅慶華究竟是怎麼認識的了。同樣地，我們也無法通過已經犧牲多年的蔡瑞欽的敘述，來了解他和傅慶華的組織關係與具體活動了。

根據我的調查採訪，在官方文件中，「吸收」傅慶華加入「匪幫」的林如堉已於一九四八年十月廿五日凌晨被捕，一九五〇年十二月十六日槍決。所以，我們也無法通過林如堉的敘述而重新回到傅慶華「宣誓」的歷史現場了。另外，曾經領導傅慶華的「匪徒林某」究係何人，以及「丁匪中孚」有無獲案，皆不可知。所以也是兩個無從找起的歷史見證人。官方所說傅慶華的最後一任「領導」吳思漢，也早於一九五〇年十一月廿八日犧牲了。其他相關的人，例如同屬「機廠小組」的謝發連，在山上逃了好幾年，最後終於不得不出來「自首」。五〇年代初葉，因為找不到工作，經濟困難，再加上思想沒有出路，就在苗栗銅鑼老家附近的山線鐵道上臥軌自殺了。他的妻子也帶著小孩遠離家鄉，沒有音訊。而由傅慶華「吸收」的鐵路局工務員張萬枝，先是與傅慶華同案判處十二年徒刑，後來又因他案而改判死刑。另一個樟腦局工廠工人周煥則長期不知下落，一直要到二〇一六年九月，我才在山西太原找到他那已經年近花甲的兒子周志文先生，並從他那一口山西腔普通話得知他父親周煥也已逝世多年了。

顯然，我們所能找到的與傅慶華的案情有直接關係的歷史見證人，就只剩下吳聲潤與詹溪川了。

吳聲潤：謝發連在第六機械廠鐵道部當技工。因為同樣是客家人，在廠裡頭，我們也比較常來往。在我的印象中，他的思想比其他工人進步。我和傅慶華逃亡期間，曾經去過他山上的老家過了一夜。那時候，他也辭掉工作了。

傅慶華的思想比我進步，我不太知道他接觸過什麼人，只是覺得每當接觸過一個人之後他對時局的認識就會有明顯的不同，我也隨著他的改變而改變。他加入共產黨的地下組織之後，就在一九四九年二月勸我也參加。這時，我已經認識了後來的妻子，還是沒被兒女私情牽絆，二話不說，就寫了自傳與志願書，在他見證下宣誓，從此跟著他走上追求「社會主義」理想的實踐道路。

詹溪川：時間太久了，許多事情，我實在想不起來究竟是在什麼時候發生的。雖然我無法確定那是何年何月之事，但我知道，我們是在二二八事件以後開始做一些社會改造的事。其實，傅慶華從來也沒跟我提起什麼「第六機械廠小組」或這樣或那樣的組織名稱。周煥是我表弟。我當然認識。他當時是松山菸廠工人。我曾經通過他拿到菸廠的內部資料，然後在傅慶華協助下做了一台捲菸機。傅慶華的頭腦很好，對機械方面很有天才。那台捲菸機經過試用，性能都還不錯。我阿公就替我出了四千元訂金，頂了一家日本人留下來的廠房，打算讓我們設廠，大量製造。可是事情還在進行中，可能是有個和傅慶華有組織關係的人被捕吧，設廠的事就此作罷。

有一天，傅慶華和我說，我以及由我發展的周煥的身分可能暴露了。他要我們立刻離開原有的工作崗位。他同時布置我們轉移，拿了兩張船票給我，要我和周煥立刻前往大陸。我把船票給了周煥，同時安排他上船。我決定不走，並向傅慶華表明要留下來繼續鬥爭的決心。他聽了後就不再說服我了。我們約好下次會面的時間地點，然後分手，各自隱藏真實身分，轉入地下。他同時帶走尚未完成的第二台捲菸機的零件。

楊運登：後來，傅慶華和吳聲潤沒說為什麼就突然不再到我家搭伙了。我感到奇怪，就去宿舍找他們，想要知道怎麼回事。吳聲潤這才告訴我說傅慶華已經辭職了。具體是什麼原因就不知道了。起初，我對他這種不告而別的行事方式無法諒解。他被捕以後，我從他大哥那裡聽說，他曾經回到美濃，但行蹤隱密，不太見人，出門時一定戴頂斗笠。我這才知道，他之所以不告而別，其實是為了避免把我牽連進去的顧慮啊。

吳聲潤：大約在一九五〇年二月左右，傅慶華突然辭掉松山第六機廠的工作。他並沒有告訴我為什麼要辭職，更沒有告訴我辭掉工作以後要去哪裡。他不主動講，我也不去問他。這是我們一直以來的相處默契。

四、戰爭颱風與赤柯山祕聞

敘事者：故事敘述到這裡，我想我們有必要先了解一下當時的政治形勢。這樣，也許我們才能理解傅慶華為什麼會突然辭掉松山第六機廠的工作吧。

中國的歷史在一九四九年進入極其重要的關鍵一年。此時，內戰形勢已經發生了根本的變化。國民黨的主力已在長江以北被消滅了。人民解放軍即將渡江南進，發動解放全中國的作戰。因此，中共主席毛澤東為新華社寫的新年獻詞就題為「將革命進行到

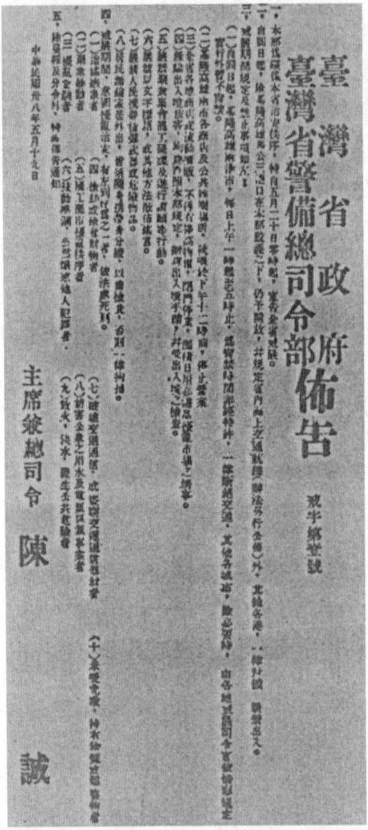
臺灣省政府
臺灣省警備總司令部佈告
戒字第壹號
中華民國卅八年五月十九日
主席兼總司令　陳誠

一九四九年五月二十日零時起全省戒嚴。

底」。同月廿一日，蔣介石為形勢所迫而宣布「引退」。李宗仁代理總統職權。四月一日，南京政府代表團前往北京與中共展開和平談判。二十日，談判破裂。二十一日，人民解放軍強渡長江。兩天後，南京易幟。

這時候，陳誠主持的台灣省政府為了讓蔣介石在台灣重建領導中心而著手各種準備。五月一日，全省實施戶口總檢查。二十日零時起，全省戒嚴，基隆、高雄兩港實施宵禁。然後，懲治叛亂條例等檢舉匪諜、政治肅清所需的種種法令通過了。

台灣即將成為國共內戰的另一個戰場。

一場政治大風暴很快就要來了。

八月五日，美國發表調性是「反蔣」和「反共」的所謂「中國問題白皮書」。

十月一日，中華人民共和國成立。

也就在這年夏秋之交，基隆中學《光明報》事件爆發了。從校長鍾浩東以降，許多教職員和學生陸續被捕。

我們可以想像，當傅慶華聽到基隆中學《光明報》事件爆發的風聲之後，一定更加提高警覺性。儘管他和基隆中學沒有組織上橫的聯繫，但是卻與鍾里志和藍明谷等人有過接觸。他應該不免於憂心想到，既然基隆中學那邊出了事，組織被破壞了，鍾里志和藍明谷老師的情況不明，再接下去，這個風會吹到什麼程度，哪一天會吹到自己的頭上？再後來，高雄的組織也被破壞了，其他案子也一件一件出來了。傅慶華的心裡頭肯定有一顆沉重的石頭壓在那裡。

十二月十一日，《中央日報》及台北各報報導了基隆中學《光明報》案審理結果，四名外省籍教職員於前一天被槍決，鍾浩東等十八人被送感訓。但是，傅慶華無法從這則報導得知鍾里志和藍明谷是不是也在這感訓名單之中。

然而，如果官方說法屬實的話，就在這風聲鶴唳期間，傅慶華仍然毫不畏懼地將松山的六機廠小組擴展為支部。

一九五〇年五月十四日，《中央日報》頭版頭條刊登了國防部總政治部主任蔣經國宣布破獲「台灣省工作委員會祕密組織」的經過。蔡孝乾等四名領導人被捕，聯名發表所謂「告全省中共黨員書」的「忠告」，「希望大家立刻依照政府規定的自首辦法，自動交出一切組織關係，以迅速終結整個案件，而澄清台灣的社會局面。」

蔡孝乾的「忠告」，傅慶華想必一定看到了。我們還不確知他究竟是不是「黨員」？如果他是。他會不會認為，既然領導者本身已經被捕、投降，而且還叫大家停止活動，出去自首，那麼，就應該接受指令？如果他不這麼認為，或者說，他根本就不是什麼「黨員」，他又要如何躲避這場隨時就會吹來的風暴呢？

一九五〇年初夏時節，台灣島內的空氣恰似暴風雨來臨之前，沉鬱中帶著一股看不見的肅殺氛圍。就在這時候，朝鮮半島的戰爭於六月二十五日爆發了。二十七日，美國總統命令第七艦隊駛入台灣海峽，以武力阻止台灣解放。

歷史進程的軌道轉變了。

吳聲潤：傅慶華離開松山第六機廠之前曾經向我暗示，他之所以離開，是要為即將來臨的台灣的解放戰爭作準備。離開之後，他又上來台北，跟我見了幾次面。每次見面，他都會分析時局的發展給我聽。這段期間，我也一直用所領薪水的一部分供應他的生活。

敘事者：吳聲潤所說，傅慶華向他暗示的「要為即將來臨的台灣的解放戰爭作準備」，究竟是什麼意思呢？它有沒有什麼具體內容？這點，吳聲潤在訪談中始終不曾提起。我也不好追問。我想，我們還是再回頭看看當時的時代氣氛吧。

中央日報

中華民國三十九年五月十四日

蔣經國氏大聲疾呼

準備應付戰爭颱風

希望大家提高警覺性

人人都做政府的耳目

一九五〇年五月十三日蔣經國厲聲疾呼「準備應付戰爭颱風」。

一九五〇年五月十三日下午，在政府發言人中外記者招待會上，蔣經國除了宣布破獲「台灣省工作委員會」領導機構，同時也厲聲疾呼要大家「準備應付戰爭颱風」。

蔣經國：匪第三野戰軍司令員陳毅，曾於四月二十二日，在上海江灣總部召開華東軍事會議，出席的有粟裕、饒漱石、譚振林、張愛萍、葉飛、湛君茂等匪酋，和蘇俄顧問達魯加斯加少將，與林匪彪的代表馬洪章等。經決定在五月間以海空軍協同陸軍同時進犯舟山、金門兩地。同時根據匪俘身上所搜集的匪方文件看來，匪確實正在積極集中兵力，企圖進犯台灣。

敘事者：一九八四年一月，香港阿爾泰出版社出版的《中共的特務活動原始資料彙編——伍、中共特務對台工作》一節指稱：一九五〇年初，中共「台省工委會」根據華東局的指示，向各級組織發出「怎樣配合解放軍作戰」的指示，要求各級黨的組織必須把每個黨員積極分子動員起來，在「一切為了配合解放軍作戰」的口號下，立即轉入戰時體制，建立必要的暫時機構，準備於四五月間配合共軍「解放」台灣。但是，因為地下黨的組織連續遭到破壞，已經無力再做內應，所以蔡孝乾就在四月發出最後一個指示（所謂「一九五〇年四月指示」），要求各級組織「保存一切力量，隱蔽待機，停止活動」。

關於上述的「怎樣配合解放軍作戰」指示和所謂「一九五〇年四月指示」，究竟真實性有多少？還有，傅慶華是否看過這兩份指示？我不敢妄作論斷。但是，我在舊書攤偶然買到一本一九五五年七月七日發行的《紐司》周刊第二八七期，其中一篇題為〈潛台匪共黨務間諜海山區部破獲追蹤記〉的報導，卻詳盡地敘述了傅慶華在竹北赤柯山試爆手榴彈的情節。

《紐司》周刊的發行人吳守仁是前上海《申報》台灣特派員。據劉自然案政治受難人戴獨行一九九八年在台北人間出版社出版的《白色角落》一書的說法，《紐司》周刊專門報導內幕新聞，經常大幅刊登特務機關破獲的「匪諜案」，以小說體裁撰寫，繪聲繪影，加上標題聳動吸引，刺激銷路。因此，這篇報導所述案情的真實性，基本上是要打個問號的。儘管如此，我們還是不妨暫時跳開嚴肅複雜的歷史尋

匪共潛臺黨務間諜海山區部追蹤破獲記

一九五五年七月七日發行的《紐司》周刊第二八七期。

訪，抱著閱讀通俗小說的輕鬆心情，看看這篇政治八卦報導的作者「上官芙蓉」如何敘述傅慶華這段「武裝叛亂」的故事。我想，這對我們了解歷史真相不一定有用，可是多少能夠讓我們體會白色恐怖的時代氣氛吧。

《紐司》編者：在共產帝國與秧歌王朝征服並奴役中國的狂想曲中，數以百計的赤色匪諜們做了贖罪的祭品。這是自由中國保防當局肅諜的力量，也是每一個愛好自由、民主的同胞，所發揮的愛國家、愛民族的精神。從本案中許多感人的檢諜和自首的鏡頭裡，我們可以獲得這一明證。

保防工作是無分時間環境的，也是人人有責的。我們只要想到：匪諜的陰謀仍在攫奪我們今天所享有的自由生活時，試問我們應該如何地為保障自由權利而對國家貢獻出保防的義務與責任！

本案係發生在四年前（一九五一年）的舊案，曾在保防宣傳週中有簡略的披露，本刊特予詳細報導，意在揭發匪黨幹部偽裝技巧之一部分，而增加社會保防肅諜的警覺。

上官芙蓉：遠在民國卅八、九年間，保防當局破獲蔡孝乾案，一舉而摧毀了匪共偽「台灣省工作委員會」的省委領導系統。當時，各治安機關就曾注意到這一匪黨組織瓦解後的復活問題，因為匪偽「台省工委會」係匪共黨務組織，與一般特務情報組織迥然不同；特情組織有個別的系統，破獲一個也就是消滅了一個。而黨務組織固然可以包括特情工作，其組織的力量往往是極龐大散漫，以複式單線領導的方式，普遍及於社會的每一個角落，很難求得徹底的肅清。

因此，保防當局雖在蔡案破獲以後，仍始終未鬆懈其對於匪共黨務的偵查；其間並曾陸續發現若干蔡案漏網逃逸的匪黨幹部，而頒布祕密的通緝命令。

經過年餘的追蹤調查偵察，保防當局終於獲得了足夠的資料，證實瓦解後的匪共黨務組織，已經過一個時期的重整，再度建立了龐大的匪偽「台灣省工作委員會」的組織系統，而以一個「省委高幹會議」作發號施令的決策機構。時至四十年四月起至十二月間，這一匪的黨務組織內幕，已完全在我政府的掌握之中而無所遁形……

當民國卅九年秋天，距離蔡孝乾案的破獲不過幾個月時間……匪偽「省工委會」的組織，即在「省委高幹會議」的督導之下，由海山、竹東兩區部逐漸發展推廣開去。到卅九年的十二月間，匪黨決心迅速建立武裝，派匪偽台北市委幹部傅慶華進行活動。

傅慶華有一個同族朋友傅傳魁，在台（灣）省工業試驗所任職，對於製造化工品，頗具相當知識。傅慶華於接受匪黨的命令之後，遂即想到了他心目中的理想目標——傅傳魁，存心要加以運用。那時，傅傳魁並不是匪黨組織的分子；因此，傅慶華計畫先利用他，然後抓住他的把柄，使傅傳魁以後聽命於匪黨的驅使。於是，傅慶華想好了藉口，前往工業試驗所拜訪傅傳魁，託他代為製造雷管。

雷管，是一種工業用品，但也可用於具有殺傷性能的爆炸容器，這一點在傅傳魁是很熟悉的。他聽到老朋友要求代為製造雷管，囿於友情便一諾無辭；就這樣輕易地墮入了匪黨的陰謀而觸犯了國法。

傅慶華不久就取得了傅傳魁所製造的雷管，也就是匪共達到了製造武器的初步目的。接著下來的步驟是如何利用雷管，使之成為殺人的武器？關於這問題，匪省委高幹會議討論時，大家都覺得很簡單，只要在雷管中裝滿炸藥，加上藥線，豈不就成了很實用的手榴彈。然而，在什麼地方製炸藥呢？以及如何予以試驗呢？而試驗又在什麼地方最安全呢？

匪幹們對這些問題作了詳細的決定。匪黨認為：他們計畫中的武裝基地——海山區部所屬赤柯山支部，應該是理想的加工和試驗地點。因為，支部書記林礽階的掩護職務是水泥公司赤柯山採掘場的採掘股長，正有管理採掘用炸藥的便利；而所需要的炸藥來源已可無問題。其次，赤柯山遠處偏僻，環境單純，試驗工作也可順利進行。

於是，傅慶華又啣命攜同雷管前往赤柯山，會晤了林礽階；就在四十年春天二月間，

一九九六年一月廿六日，從北二高關西休息站遠眺赤柯山。（藍博洲／攝）

由林指派一技術匪幹擔任加工任務，他們三個人即在赤柯山巔作製造手榴彈的首次試驗。

造物厭棄叛國罪犯的天意，就在這一次初露鋒芒的試驗中顯現了。

原來那一個試驗場所，選擇在赤柯山巔的荒蕪平地上，外圍有濃密的松林圍繞，是一個極隱密的所在。林礽階陪同傅慶華攜著炸藥雷管，早晨就趕到了目的地。

試驗開始前，傅慶華堅持要由他點燃拖在雷管之外的火藥線；他事前已在技術匪幹處知道了炸藥並未裝足，雷管的爆炸力不會太強，而火藥線又設計得特別長，根本不可能發生危險。因此，他既以製造雷管的功勞自居，又一心想邀試驗成功的功勞。但，想不到就在這一根火柴之微的光芒中，促使傅慶華走上了死亡的道路，也造成了匪黨偽「台省工委會」全部覆滅的末途！

事實是這樣的：原來火藥線的乾燥度已超過一般標準，當著火一燃，竟比音速還快地燒完了拖在雷管之外的長度；而傅慶華舉手甩出去時，又沒有注意斜度，讓原未裝足的炸藥都集中在通藥線的一端，以致還不及甩遠，剛離開手掌就爆炸了，雷管的散片在傅慶華的右手上，刻劃下了斑斑的血紋和傷痕。

狼狽地受了傷的傅慶華，為了怕（傷口）發炎腐爛，當天就下赤柯山，趕到新竹的一家醫院中就醫。由於一種檢諜的警覺性，使我保防當局不久就知道了有一個受火藥炸傷的人，出現於新竹城內。他是什麼人？因何而被炸傷的？都是值得偵查的問題。於是，就這樣「偶然」地，傅慶華先他的「同黨」們而落網，也先他的「同黨」們而伏法了。

敘事者：《紐司》周刊這篇關於傅慶華在赤柯山試爆自製手榴彈的報導究竟有多少真實性，我是抱持懷疑態度的。首先，它在時間上（一九五一年二月）就與事實不符。但是，我也認為，即便它的內容不是完全事實，也不能說它完全是虛構的。從資料上看來，除了傅慶華本人之外，就只有「同族朋友」傅傳魁，被封為「赤柯山支部書記」的林礽階，及其指派的所謂「技術匪幹」的說法可以對證了。但是，據安全局機密文件「匪竹北區委赤柯山支部林礽階等叛亂案」所載，傅傳魁已因「為叛徒製造炸藥」的「罪名」，於一九五二年八月十九日被槍決了。因此，唯一能夠就官方說法提出說明的，就只剩下當時在水泥公司赤柯山採掘場擔任採掘股長的林礽階及其「指派」的「技術匪幹」了。

該文件又載，一九四九年八月間，「匪黨」派「彭匪欽嗣」前往赤柯山與林礽階聯繫，並在赤柯山工人中發展組織，同年十二月，正式吸收林礽階加入「匪黨組織」，擔任「匪黨赤柯山支部書記」。

根據這條線索，歷經一番輾轉尋訪，我終於找到了當年被捕「自新」後隱居苗栗街上的彭欽嗣先生，並在一九九四年三月二十日下午，就上述的官方說法進行核實的訪談。

彭欽嗣：我是日據時代新竹州北埔人。我和傅慶華是台中工業學校第二屆機械科的同學，而且有幾個學期同住學校宿舍。我們班上一共有四十個人，而台灣人不到一半，其中只有他和我是客家人。我們兩人的成績很好，可是一直都只能拿二、三名。因為第一名是日本人的保障名額。在學校時，我們常常和日本人學生打架。後來，我們班有些台灣學生被日本人下級生欺負，我們打算在畢業典禮完後找那些日本人在校生報仇。但是，這個消息卻事先走漏了。學校方面認定這是傅慶華和我帶的頭，就扣發我們兩人的畢業證書，一直到學校放假、學生返家後才發給我們。

我認為傅慶華是一個有正義感的人，讀書認真，話不多。他後來會走上革命的道路，我一點也不感到意外。可是我並不清楚他和組織有什麼關係。我自己是因為對國民政府接收大員的腐敗不滿，所以在二二八後加入地下黨。一九四九年，我在宜蘭中學教數學，跟英文老師劉登峰（可能就是安全局機密文件所說的丁中孚）等人一起搞讀書會，同時也通過某位老師與基隆中學的鍾浩東校長聯繫。所以基隆中學事件發生之後，我就撤退到新竹地區，在新埔、關西一帶搞農民運動，幫助佃農向地主爭取落實三七五減租。後來我在「跑路」的時候是有聽到傳言，說有人因為試爆手榴彈而受傷。但是，這個人是不是傅慶華？我就不敢說了。至於安全局文件說我吸收林礽階加入組織的事，因為時間實在過去太久了，我也記不得究竟有沒有這回事。

敘事者：在訪談的時候，彭欽嗣先生始終面無表情，彷彿在述說一件與己無關的遙遠的往事。儘管我無法通過他臉部的表情起伏去判斷他內心的糾結，但也可以從言談間體會他不願多談往事的決絕態度。雖然他沒有具體承認官方文件所載與他有關的內容，至少，他並沒有否認與林礽階的組織關係。看來，事情的真相還得由林礽階自己來說了。我於是把尋訪工作的方向轉為尋找林礽階和那個「技術匪幹」。

同樣是經過一番輾轉尋訪，我終於聯繫上蟄居竹北的林礽階先生，並在同年的五月十五日下午，在新竹市一家餐廳進行了採訪。

林礽階：我是一九二四年出生的。傅慶華是我念台中工業學校的同學。他是機械科。我是化工科。因為我們同是客家人，所以感情特別好。在學校時，他的表現很優秀。畢業後，一九四四年，他在台北工業學校往北一點大安十二甲的高砂紡織廠上班。我在汐止一家化工廠上班。我曾經去他上班的地方找過他一次。台灣光復後，因為不在一起，他的情形我就不知道了。

彭欽嗣也是我們學校的同學，但同期不同科。光復後，我來到竹東水泥廠服務，後來被派到赤柯山的採掘股當股長。有一天，大概是二二八事件過後兩年多吧，彭欽嗣來找我參加組織。雖然他並沒有向我明說是反國民黨的組織，但他給我的那些書，像是《資本論》等等，都是反國民黨的嘛。安全局的資料說我「曾呈繳自傳一份」。究竟他有沒有要我寫自傳？我也忘記了。

至於官方資料說，傅慶華製造手榴彈的材料是我從水泥廠拿的火藥和雷管。這個，因為已經四、五十年，時間距離太久了，我也記不起來了。我也搞不清楚，那個時候，我到底有沒有拿這些東西給他？我想，傅慶華可能是透過彭欽嗣介紹，知道我在竹東水泥廠擔任赤柯山採掘股股長，所以才會來找我。赤柯山離竹東有二十五、六公里遠，和城裡完全沒有一點關係。我想，他會去赤柯山試爆手榴彈，就是要利用我們那裡的環境。他去山上的時候，我當然有和他一起去啦。這是沒有錯的。只是，我並不知道他上山做什麼？也沒有派什麼「技術幹部」去協助他。他受傷之後，我送他去竹東蕭外科治療，這也是事實。但是，他來找我的時候，我並不知道他有製造手榴彈的計畫。是他受傷以後，我才知道他原來有這樣的計畫。事前我也搞不太清楚。我把他送到竹東蕭外科醫院敷藥、包紮後，他就離開了。

至於傅傳魁這個人，我根本就不認識他。但是，他的案子卻跟我併在一起判決。因為這樣，我才知道有這個人的存在。他可能是傅慶華受傷在蕭外科治療時去看他的。究竟他是怎麼冒出來的？我不知道。

你說我和「地下黨赤柯山支部」究竟有沒有關係？這個，有關係？沒有關係？我現在也很難說。官方資料上說我是由彭欽嗣吸收進去的。這個，我也不太清楚。當時，調查局問我參加什麼單位？什麼組織？我都回說不知道。我被「判決」後始終沒有接到「判決書」。我是最近看了安全局的這些資料才知道自己竟然是什麼「赤柯山支部書記」。

我被捕後就被送到新竹少年監獄裡頭的調查站。抓我的是竹東林業管理處的情報人員。同我一起被捕的同事一共三個，其他兩個都被判十年。我自己一個人被關在一間房裡。他們問我參加什麼單位？什麼組織？我都回說不知道。他們很奇怪。我否認。他們就說他們兩個人都承認了，我為什麼否認。然後對他們兩個也分別說我都講他們有參加，他們怎麼說沒有？他們問話的技巧實在可惡。

在新竹調查站，他們就開始對我們疲勞審問了。他們不自己動手刑求。動手刑求，他們的手也會痛啊。他們用電給你一直電。這樣就夠了。

離開調查站後，我就被送到台北保安司令部的東本願寺。那裡的情治人員對我說，現在我給他抓到了，我的生命就掌握在他手裡，他的筆頭怎麼走，我就要跟著他的筆頭走。叫天天不應，叫地地不響，你要怎麼辦？我跟他們說，我在水泥廠時二十八歲。就一個工業學校畢業的人講，能夠當到股長，我已經很心滿意足。過去，廠裡的生產沒有我做的時候那麼好。我已經超過他們的生產數量了。所以，我根本沒有去破壞它的思想與行動呀。結果，你知道他怎麼講嗎？他說共產黨就是需要我這種人，共產黨就是要吸收像我這樣表現優秀的人。所以我是共產黨。我在那裡關了三個多月，就是疲勞審問，強要我認罪。之後，我們一共五個人被送到軍法處判決。

敘事者：事隔多年之後，在當事人仍然有所顧忌的情況下，歷史的真相因而只能如同「羅生門」般各說各話了。多年以後，我終於輾轉看到了有關傅傳魁與林礽階案情的台灣省保安司令部（41）安潔字第一八四〇號判決書抄文。據載，本案於一九五二年五月廿三日經軍事檢察官曾豈凡蒞庭（台灣省保安司令部軍事法庭）執行職務，由審判官陳時昌宣判，書記官湛棣記錄。

陳時昌：被告傅傳魁，男，年卅一歲，高雄縣人，住台北市同安街，業建設廳工業試驗所技佐，係已決叛亂犯傅慶華之堂侄，於卅九年春曾受傅慶華之命，代製黑色炸藥廿格蘭姆，並接受其新台幣一千元，向朱德傳處購買黃色炸藥二百磅，當交傅匪慶華廿磅後即代製手榴彈三枚，旋與該傅慶華及林礽階同往赤柯山試驗。

被告林礽階，男，年廿九歲，新竹縣人，住新竹竹東鎮東寧路，業竹東水泥廠採掘股股長，於卅八年四月間與匪幹劉光榮相識，後因劉匪他去，由彭匪欽嗣與之聯絡並介紹認識匪要黃某，於同年十二月正式加入匪黨組織，擔任赤柯山支部書記，閱讀匪《人民民主專政》、《資本論》、《學什麼》等反動書籍，卅九年夏吸收盧阿道、鄧材維、呂炳有、范家土、鍾錦繡等加入匪組織，並領導開會，討論時事等問題。

案經本部保安處查悉，將該林礽階、盧阿道、鄧材維、傅傳魁等捕解到部，經軍事檢察官偵查起訴。

本案被告傅傳魁對於上述事實業據供認不諱，核與本部保安處查報情形相符。核其罪行，該被告顯係意圖供他人犯罪之用而持有炸藥，與為叛徒製造彈藥，係觸犯刑法第一百八十七條及懲治叛亂條例第四條第一項第四款之罪。惟特別法以及普通法仍應以為叛徒製造彈藥處以死刑，褫奪公權終身，用昭炯戒。全部財產除酌留其家屬必需生活費外沒收。

被告林礽階在本部審判中雖不坦白供承參加匪黨組織，但查該被告在內政部調查局及本部保安處偵訊時已據供認上述事實，筆錄在卷，核與其自白書所述各節相脗合，顯難任其空言狡展，諉卸刑責。核其所為，係屬意圖以非法之方法顛覆政府而達著手實行之程度。惟該被告自被捕後對於破獲竹東匪區委鄭香廷、彭明雄案及協助偵查監犯貢獻頗大，有解案原卷可稽。足證犯罪後深知悔悟，衡情不無可憫，姑予減輕其刑，處有期徒刑十四年、褫奪公權八年，用示矜卹而勵自新。全部財產除酌留其家屬必需生活費外沒收。

敘事者：這裡，我不想旁生枝節，另去討論有關傅傳魁與林礽階的案情究竟。我們還是回到故事的主線，也就是尋找傅慶華的生命史吧。

關於赤柯山之事，我們已經看過這樣那樣的說法了。現在，既便我們還是無法得到確切的答案，卻也能夠大體掌握當時的情況與氣氛了。

吳聲潤先生在受訪時說，傅慶華在一九五〇年二月左右突然辭掉松山第六機廠的工作。安全局機密文件「赤柯山支部」案記載，傅慶華到赤柯山試爆手榴彈是一九五一年二月。那麼，就時間看來，傅慶華到赤柯山試爆手榴彈時應該已經辭掉松山第六機廠的工作了吧。那麼，同廠技工詹溪川會不會知道這件事呢？那個技術幹部有沒有可能就是詹溪川呢？為此，我再次採訪了詹溪川先生。他也據實告訴我，說是上次採訪時，他心裡還有顧忌，而我又沒有主動提問，所以這段經歷，他就略而不談了。

詹溪川：那陣子，傅慶華的確是已經辭職了。但是，每天晚上，我們還是在所有工人都下工以後，利用廠裡頭的材料製作雷管，並且自己配製導火線所用的火藥。然後，某個晚上，我們就搭了南下的最後一班火車到竹北。第二天，天還沒亮，我們又出發前往赤柯山，在一處隱密的相思樹林裡試爆自製的手榴彈。結果，卻失敗了。我們下了山，回到台北。這事，後來並沒有暴露。要不是傅慶華挺住不說，我這條命恐怕早就沒了。有個叫林新貴的同事，跟傅慶華一樣是美濃人，大阪工業專修學校機械科畢業，個性沉默，做事認真，可能也因為這件事而被處死。後來，我們還來不及重新製造，韓戰卻發生了。這時，傅慶華也要我們轉入地下。這段過程，上次已經講過了。後來的情形，我就不清楚了。

敘事者：多年以後的二〇〇五年，始終對這段祕辛隱而不說的吳聲潤先生終於在我的這篇報導完稿之後，通過自費出版的自傳，做了應該是比較完整的沒有保留的追憶。

吳聲潤：傅慶華領導的第六機械廠支部共有五個人。大約是一九四九年年底或是一九五〇年初，傅慶華找了在第六機械廠任職的詹溪川、羅林新貴和我會面，跟我們說，他接到上級指示說解放軍將於近期解放台灣，要我們支部組織工人護廠，並著手製造手榴彈，作為內應之用。我們隨即討論如何進行內應工作，議決由我負責製作手榴彈的殼，詹君負責加工，羅林君組裝，慶華負責火藥及試爆的重責大任。會後，我們就冒著生命危險，利用第六機械廠的優越條件，分頭進行各自負責的任務。終於，第一顆手榴彈試造成功了。有天早上，他提著裝了那顆手榴彈的袋子，要我一起搭火車南下，近午時分在苗栗三叉（也就是今天的三義鄉）下車，走出車站，然後走了一段彎彎曲曲的山路，來到西湖村羅林新貴的家。吃過午餐，羅林新貴又帶我們走了兩個多鐘頭的山路，大約在下午四點來到一處群山圍繞沒有人煙的地方。慶華認為那裡是適當的試爆場，但是冬天日短，天色很快就要暗下來，如果發生意外，恐怕無法應變，於是說改天再來吧。我們於是沿著原路回到西湖羅林新貴的家，告別羅林君，再回到台北。

當時我隱約知道傅慶華有個很有正義感的親戚傅傳魁（一九二三—一九五二），雖然沒有參加組織，卻幫忙我們做火藥。有一天，在台北的我們聽到一則惡訊：慶華沒通知我們，自己悄悄地南下找林新貴，去山裡頭試爆手榴彈而炸傷了手掌。我們非常擔憂他的安危。還好，大約三天後，他捎信來，說傷口很痛，需要靜養一段時間，要我替他請假。我們終於鬆了一口氣。但是，我們仍然因為不知下一步路要怎麼走而憂慮著。大約三四星期後，他忽然回來台北了。大家固然感到欣慰，還是因為時局的混亂而抹不去心裡頭的憂慮。

到了韓戰爆發，美國第七艦隊駛入台灣海峽的第二天，傅慶華又來和我見面。他告訴我，他要離開台北一段時間。他要我也準備隨時離開。我問他為什麼？他並沒有給我回答。七月，傅慶華又來傳達上級指示說解放軍暫時不會攻台了，要我們把已經製作的一兩百顆手榴彈統統銷毀，不得留下證物，並且靜待新的指示。我們於是分頭暗地裡拆解手榴彈，然後將彈殼裝在辦公皮包裡頭，排除困難，利用夜深人靜時運到一座僻靜的吊橋，丟入基隆河。連續十幾個晚上之後，終於安全地處理完畢。

五、隱匿、結婚、流亡與被捕

敘事者：雖然各家的說法在時間上略有出入，赤柯山的迷霧終於某種程度地散去了。

安全局機密文件「松山第六機廠支部」案另載，同一時間，傅慶華也「因張匪萬居

（枝）在嘉義被捕，內心恐懼，即辭去機廠職務，轉回其高雄原籍。」就此來看，辭職以後的傅慶華應該一度回到故鄉美濃。那麼，回鄉以後的傅慶華又發生了什麼事情呢？這點，他的外甥劉玉雄可以提供一些材料。現在，我們就離開停留已久的赤柯山現場，把視角轉回南部美濃現場。

劉玉雄：傅慶華是我舅舅。我母親是他大姊。就我所知，慶華舅舅回美濃後應該沒有直接回竹頭角家裡，而是悄悄躲到中門（中壇里）我家，住了一陣子。我出生於一九四四年，當時已經七、八歲了，所以還有一些印象。我聽我阿爸說，他當時向我阿爸說，他辭掉台北的工作，想再考別家公司，可不可以讓他在我家住一段時間，準備考試。我阿爸就回答他說當然可以，他要住多久都沒問題。他就在我家前後住了一兩個月。

那段期間，白天，慶華舅舅都把自己關在房間看書，從不到外頭走動，一直要到天光暗下來了，才出來運動運動。這時候，我就會跑去跟他玩。我尤其喜歡看他表

外甥劉玉雄在美濃傅家家墓。（藍博洲／攝）

演倒立的動作。他也從沒讓我失望過。

我阿爸是個菸農。因此，我對慶華舅舅的記憶，也和菸有關。有天晚上，我阿爸正用簡陋的機器切菸草。舅舅看到了，就走到我阿爸的身邊，笑著問說，像這樣一支一支切，究竟要切到什麼時候才切得完？他又說這樣絕對賺不到錢的。我阿爸聽了就無可奈何地說他講的沒錯，問題是不這樣切又有什麼辦法呢？舅舅就建議我阿爸不妨用他做的捲菸機試試看會不會比較快？假如有賺到錢，就分給他一些。我阿爸接受了舅舅的建議，並且答應不把他的行蹤透露出去。舅舅於是就把帶回來的那些機件重新裝置起來。捲菸機試用時，慶華舅舅並沒有露面。附近的菸農聽到消息都圍過來我家看。當他們看到一條一條捲好的菸隨著機器運轉而快速出來時，一個個都目瞪口呆了。

這台捲菸機果然替我阿爸賺了不少錢。這樣，原本就很疼惜慶華舅舅的我爸和我媽，對他就更加照顧了。

除了捲菸機，讓我印象較深的事情就是，慶華舅舅總是小心翼翼地收拾一個隨身攜帶的公事包。我感到很好奇。有一天，我就趁著他不在房裡的時候偷偷溜進去，想要看看這個公事包裡頭究竟裝了些什麼？可是我才找到那個公事包，還沒打開，舅舅卻回房來了。他看到我正要打開他的公事包立刻制止我。他一邊打我的屁股一邊警告我，說我絕對不可以再去動這個包包。我挨了打，只好裝作一臉無辜地走出舅舅的房間。我搞不懂，為什麼向來非常疼我的舅舅會為了一個公事包而生那麼大的氣。以後我就再也不敢去動那個公事包的念頭了。

一段時日之後，我無意中看到慶華舅舅拿著那只公事包走出房間，然後在屋外的楊桃樹下和屋內橫廊的泥地上各挖了一個大洞，再把公事包裡那些紙捲的東西拿出來，用油紙包好，分別埋藏起來。橫廊那裡，擺著一具我祖母給自己預留的棺材。我一直不敢走進去。就我所知，那些資料後來一直沒被發現。

第二天，慶華舅舅向我爸和我媽說，他要回竹頭角探望我外婆，道了謝，就離開我們家。

竹頭角缺水，只能種些耐旱的番薯，可以說是美濃庄內生活條件最差的一個部落了。舅舅家就是一個貧窮的農家。外公傅金傳是個佃農，育有兩男五女。我聽我媽媽講，一家人光靠我外公一個人給地主耕田，怎樣也吃不飽。外公於是利用農閒到山上砍柴，挑到街上賣。因為長期過勞，外公在慶華舅舅四五歲大的時候就病逝了。大舅傅慶雲就兄代父職，一肩挑起養育弟弟的責任。我大舅和外公一樣，除了是個佃農之外，平時還兼駛牛車，給人家載菸葉或是磚頭，多少賺點工錢來貼補家用。他很疼自己的弟弟，儘管自己念完公學校就沒有錢繼續升學，卻非常重視慶華舅舅的教育。

敘事者：我們可以想像，傅慶華在故鄉的田埂上走向竹頭角的情景。當他邊走邊看那一片青翠的田園風光時，過去的童年往事一定會一一浮現腦海。他會想到，當年大哥為了張羅那筆讓他去日本旅行的昂貴費用一定吃足了苦頭。想到這裡，他便要自責自己不但不曾回報大哥的養育，而且也沒有幫忙分擔家計。他還會憂心地想到，往後他大哥和母親不知道還要面對什麼更大的打擊。因為這樣，他應該是情緒低落地走進竹頭角的。現在太陽已經在遠處竹林末梢逐漸沉落了。在天光將暗的空曠的田野裡，一叢叢青綠的竹林團團圍住破落的村舍。村舍裡疏落錯置的家屋煙囪上冒著裊裊炊煙。煙塵瀰漫的一株株高大的檳榔樹突出聳立在煙樓屋脊和竹梢處，直直地插向天際。這些從小就熟悉的黃昏景致自然會讓他油然升起終於回到家的喜悅吧。像個孩子似地，他拋開原本低落的心情，邁開腳步，加緊往家裡走去。像往常一樣，他遠遠就會看到，在離家不遠處的一處菜地裡，身穿褪色藍衫裾的母親正彎著腰身摘豬菜（番薯葉）。他於是放輕腳步，走向前去，然後扛起那把豬菜，迎著落日，與母親一起走回家裡。

劉玉雄：我記得，我外婆一直養著三、四頭母豬，藉著販賣豬仔，貼補家用。我聽我媽媽講，慶華舅舅後來去外地讀書，每當想家的時候，就會想到外婆在番薯園裡摘豬菜的身影，聽到豬仔爭食時候的叫聲，乃至於聞到豬圈裡飄來的陣陣豬糞味，從而稍稍紓解難遣的鄉愁。但是，他在家裡住沒幾天，外婆又開始催他趕快成家。他被逼得很是為難。後來，我媽媽有跟我講，慶華舅舅要結婚了。可是，我媽卻沒有帶我去喝喜酒。

我想，慶華舅舅應該是不打算成家的。他肯定早就覺悟到走那條路遲早會有什麼下場。更何況，在當時的形勢下，他有隨時被捕的危機。那個時候結婚，不但危險，而且也會耽誤人家一生的幸福啊。可是，他卻苦於不知該如何向我外婆說明內心的顧慮。最後，為了不讓長年寡居的母親傷心難過，他還是答應了。或者，他當時也許過分樂觀的估計自己的處境吧。他可能認為，那段期間，既然在鄉下沒有聽到什麼風聲，大概就沒有什麼危險吧。

鍾炳金：傅慶華早在台中工業學校念書的時候就有了喜歡的女孩子。那個女孩姓鄧。為了不影響她的生活，名字就不說了。她是六龜地方聞人鄧某某的女兒。那時，傅慶華有個名叫傅振雨的鄰居在六龜教書。有一次，傅慶華從台中回家休假時去六龜找傅振雨。就在傅老師家，他第一次見到鄧氏。她當時還是高女的學生，亭亭玉立，長得非常漂亮。他們兩人聊得非常愉快，後來就經常利用假日約會，並且一直保持書信聯絡。

林礽階：據我所知，在台中工業學校念書的時候，傅慶華就已經有一個要好的女朋友。她好像是台中二女中的高材生，書讀得很棒。聽說，有一次，考試前一晚，他們兩人還跑去南投約會。即使這樣，第二天，傅慶華還是照拿一百分。後來，他們究竟有沒有結婚，我就不知道了。

鍾炳金：幾年下來，傅慶華和鄧氏都曉得愛上對方了。然而，後來傅慶華卻故意疏遠她。我想，這應該是因為他參加了地下組織，知道自己隨時有生命危險，不能給對方什麼幸福的保證吧。

我之所以會知道傅慶華的這段戀情，是他在六龜土壠灣發電廠任職期間偶然透露的。那時，我在美濃中學教書。傅慶華的母親已經六十幾歲了。她非常希望傅慶華能夠趕快結婚成家。她知道我跟傅慶華是要好的朋友，就拜託我給她兒子介紹對象。我答應了老人家，也曾經兩次要介紹學校的女老師給傅慶華認識。可是，傅慶華總是說他還有大事業要做。他一直拿這句話婉拒我的好意。儘管這樣，每次要分手的時候，我總是不忘勸他早點結婚，讓老人家也好放心。他總是笑笑，不多說什麼。他只告訴我，說他還有大事業要做，並沒有透露是否還跟鄧氏繼續交往。我也沒有想到，她竟然痴痴等待這段少女時期萌生的愛情會有圓滿的一天，終於答應了傅慶華的求婚。

吳聲潤：我記得，慶華到第六機械廠的第二年說要結婚，對象是我六龜家隔壁鄰居鄧德志阿伯的第四個女兒鄧金鳳。我與她三姊金緞是青梅竹馬。我在東京念書時，她就讀一家女子齒科專門學校，兩人經常往來，日久生情。一九四七年春天，我在叔父的催促下向她的雙親提親，沒有得到回音。後來，她回到祖厝待業，我也去找她好幾次，但她對我的求婚一直不肯正面回答，於是我只好決心離開她，另與別人結婚。因為這樣的關係，後來慶華就透過我找了一個人去鄧家提親。

敘事者：然而，傅慶華和鄧氏的婚事卻又遭到一直催逼他結婚的母親的反對。通過劉玉雄先生的引介，一九九二年四月八日，我在美濃採訪了傅慶雲的女兒傅春妹，從而比較清楚了事情起變化的原因。

傅春妹：傅慶華是我阿叔，但我們的年紀相差不多。所以我比較了解他和阿華叔母的情況。她的身材體格都很好，人生來實在很靚，只不過牙齒長了一點。她是讀書人。我不知道她和阿華叔是怎麼認識的。阿叔帶她到家裡，讓阿婆和我爸看過。沒想到，阿婆卻反對這門婚事。她是勞動婦女。她認為，媳婦娶來就是要生兒育女和下田勞動。因此，她沉著臉，說穿鞋的女人家要怎麼下田作事。那時候，美濃地區的客家婦女都要下田，平常是不穿鞋的。阿叔知道阿婆的想法，正要辯解，坐在一旁的我阿爸卻替他說話了。我阿爸笑著跟阿婆說，她是讀書人，當然要穿鞋呀。他又強調說，阿華叔也是讀書人，不用下田作事，以後他們倆公婆還是要出去吃頭路的。他勸阿婆不用愁那麼多。阿婆好像也覺得自己的反對沒什麼道理，一時也沒有再多說什麼。可是她腦筋還是轉不過來，就喃喃抱怨說本地女孩子那麼多不娶，偏偏要去外地娶。阿叔忍不住頂了阿婆一句，說她要是不喜歡就不娶了。阿婆恐怕阿叔果真以後又不想成家，就答應了這門婚事。我阿爸就託人到六龜鄧家提親，並且擇定迎娶的吉日。婚禮按照客家傳統禮俗進行。唯一不同的是，在阿叔的堅持下，早上四點多，天色還暗漆漆的時候，就出門迎娶。我阿爸雖然搞不懂阿叔究竟在搞什麼，還是花了一筆錢，整修布置了一間有天花板、衣櫥和書廚的柚木和式房，作為新房。這在當時的美濃鄉下是不太常見的。

鍾炳金：傅慶華和鄧氏的結婚日期大概是一九五〇年八月初。婚禮非常簡單，並沒有驚動村子裡的人。早上九點左右，新娘就進門了。到了中午，也辦了幾桌簡單的酒席。除了女方家人，只宴請房內的族親長輩。傅慶華的朋友，除了住在美濃的我，其他人，他都沒有通知。他就這樣給他母親作了交代。

傅春妹：婚後，還不到一個禮拜，慶華阿叔就向我阿婆說要上台北找工作。他們然後就拎著簡單的行李，走到離家不遠的竹頭角小火車站等車。五分仔車行駛在全長近四十公里的旗尾線糖業輕便鐵道上。他們可以在鳳山九曲堂換搭縱貫線火車北上。

鍾里志：大概是一九五〇年八月中旬吧。我正在跑路，剛從外地回到竹頭角。下了五分仔車，我看到傅慶華提著行李，正要上車，於是走過去打招呼，同時問他要去哪裡？他看到是我，一邊驚訝說好久不見，一邊把手搭在我的肩上，往前走了幾步。這時，我們都互相知道彼此的身分了。他確定前來送行的新婚太太聽不到我們的說話聲時才小聲問我情況如何？我說不是很好，風聲還是很緊，準備躲到山裡頭。我也問他情況如何？他說到目前還好，至少在美濃還沒有聽到什麼風聲。他停了一下，又說台北的情況就不知道了。然後他又問我藍明谷的情況怎樣？我告訴他說跟我一樣，還在逃。火車響起開動的汽笛聲了。我們於是握手互道珍重。這時，我注意到他的手掌有一道很長的傷痕，就關心地問他怎麼受傷了。他也坦白告訴我，說是在阿里山做炸藥，不小心受了傷。他並沒有向我透露那些材料是怎麼來的。我也沒有多問。火車開動了。我們就此分手。

敘事者：一九五〇年十月十四日，原先被判感訓的基隆中學校長鍾浩東與另兩名同志被押赴馬場町槍決。

吳聲潤：十月十五號晚上，傅慶華突然來找我。他一坐下來就問我看了今天的報紙嗎？我說還沒有，有什麼狀況嗎？他就說報上說鍾浩東校長昨天被槍斃了。哦。我本能地應了一聲，然後就無言坐著，不知說些什麼。過了一會，他才打破沉默，要我還是把工作辭了。我問說為什麼？是不是有什麼狀況？他遲疑了一下才告訴我，有個我不認識的台南人，叫蔡瑞欽的，被抓了。我問說，他和我們有關係嗎？傅慶華說有。他說，本來按照組織原則是不該告訴我的，既然他被捕了，讓我知道也無妨。他說蔡瑞欽曾經是他的直接領導，因為這樣，他和我隨時都有可能被捕。我想了想，就說，我突然離開，人家會懷疑的，還是先做完這個月，領了薪水，再辭，也比較不會讓人懷疑。他就說好吧，也只好這樣了。到了二十日，我就以「家事繁雜，一家餬口無人負責，直接受高年紀的祖父母嚴訊，心力交瘁，如再繼續任職恐貽誤公務」的理由，向廠長提出辭呈，然後悄悄地回去六龜。

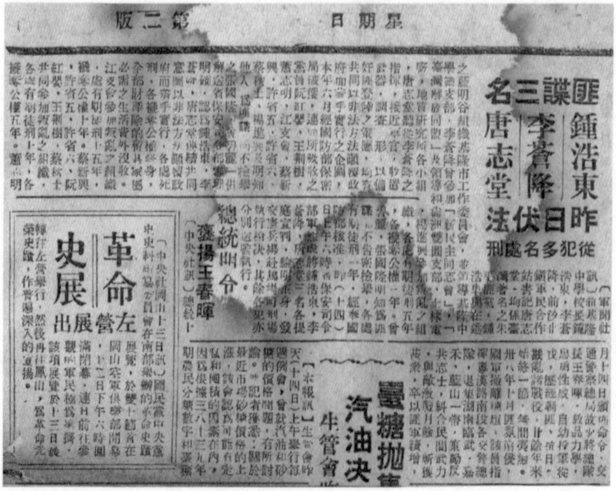
第二版　星期日

匪諜三名　鍾浩東　李蒼降　唐志堂　昨日伏法　從犯多名處刑

總統明令　褒揚王春暉

革命史展　左營出展

臺糖拋售　汽油決

一九五〇年十月十五日鍾浩東校長槍決的報導。

那天傍晚，我一到家，妹妹就跟我說，一個姓彭的和一個姓范的來家裡找過我好幾次，昨天晚上還來過。這兩人知道我和傅慶華的關係很密切。我懷疑他們是特務在鄉裡的眼線，如果找到我便可以找到慶華，因此，雖然感到恐慌，還是強迫自己冷靜下來，思考如何應變。我想，我首先還是要把敵人已經逐漸包圍過來的態勢設法通知慶華。於是，我當機立斷，馬上離家，冒著傾盆大雨，連夜躲到三四公里遠祖父燒石灰的窯場。兩三天之後，我又懷著愧疚的心情向祖父告別，轉往相對安全的寶來山內，暫時住在母親那邊的表弟的工寮。然後，我就下山找慶華，把他帶上山來，假扮砍樹工人。山裡雖然安全，但生活條件惡劣，而且脫離革命的實踐工作，兩三天之後，我們就覺得這樣下去不是辦法，經過討論之後，最終認為最危險的地方最安全而決定回到城裡。於是我們匆匆向收留我們的表弟等人辭謝，沿著荖濃溪谷下山，然後分手。我回去六龜家裡。祖父剛好在家，我便要求把我持分的兩甲地賣掉，準備作為資本，到蘇澳港開設造修船廠。第二天一早，我又悄悄離開六龜，到美濃竹頭角與慶華會合。因為我們需要盤纏，而我的身分還沒有暴露，於是徵求慶華同意，前往台南中央標準局應徵技術人員。也許是我在第六機械廠的經歷取得留德的局長的信任吧，我順利地混進了剛剛撤退來台的中央標準局，並被派到度量衡部，負責建立磅秤方面的技術資料。

我在台南中央標準局一直靜靜地上班，到了十二月二十日吧，領到第一個月的薪水。當天，近午時分，慶華突然來找我。我們事先並沒有約好要在這個時候會面。他一來，我就知道，一定又有什麼狀況發生了。果然，他坐下來就說，報上登了，十六日又槍斃了兩個人。我因為工作忙，沒有注意到這則新聞，於是問他是認識的人嗎？他說是，其中一個叫林如堉，早在前年十月就被抓了，不知為什麼拖到現在才槍斃。他停了一下，接著又說現在也不用瞞我了，林如堉是介紹他入黨的人。他接著向我分析，說形勢對我們更加危險了，前一陣子美濃也有人被抓了，聽說是在基隆中學教書的李旺輝，在尖山腳鍾家後面的山溝裡被抓的，村裡的人說，那些特務還當場開了幾槍。我知道，那裡離慶華家不遠，就在隔壁村而已。因此，我們商量以後決定不能再在南部待下去了。

第二天，我就不辭而別，跟隨慶華走向命運未卜的逃亡之路。我們搭乘北上的火車，首先來到苗栗造橋鄉下，去找正在她三哥家避風頭的慶華的妻子。當天晚上，我們三人在二樓十個榻榻米大的日式房間共宿。他們兩人距離我不到三公尺遠吧。房裡的燈暗了。一片黑漆漆的。外頭的蟲鳴聲不間斷地響著。就在我就要睡著時，我強烈地感受到從這對久別的青年夫妻那裡細細傳來壓抑著的纏綿的聲音與氣息。我也因此想起了遠在家鄉的妻子和初生的幼兒，緊緊地裹著棉被，久久不能入睡。天亮之後，吃過早餐，我們就與金鳳和她哥哥話別，搭上北上的火車，前往蘇澳。我想要勘查是否有在南澳港開設造修船廠的可能。到了蘇澳，慶華提議到花蓮銅鑼門發電所，投靠他朋友謝傳祖的叔叔謝有德。在台北時，慶華曾經帶我、林新貴和謝發連去拜訪過京都帝大出身的謝所長，聽他談過他的和平改革的社會主義。第二天，我們於是繼續前往花蓮，然後又搭上一輛剛好要進山的卡車，幾個小時後，終於在天就要暗下來的時候來到銅鑼門發電所。謝所長二話不說，就收留了我們。幾天之後，我們覺得，雖然在銅鑼門發電所得以暫時隱蔽，可是這裡也是公家機構，雖然僻處深山，畢竟不是可以久留之地。我就主動和慶華商量，說我們這樣跑來跑去也不是辦法。他說是啊，不過事情到了這個地步，也沒有其他路可走了。我就說我想到一個辦法，不知他的意見如何？他要我說說看。我於是說我想先回家裡籌一筆錢，然後到蘇澳開一家漁船修理廠，由我出面主持，他在後頭協助。我認為，那裡居民不多又沒有人認識我們，比較安全，而且那裡只有三、四家修船廠，我相信，憑我們兩人的技術應該做得起來。慶華覺得這個辦法可行，只是擔心籌不到資金。儘管如此，隔天，我們還是向謝廠長致謝，然後離開才待了四天三夜的銅鑼門。中午時分，我們來到台東寧埔村，探望我的二嬸母一家，然後在天色暗下來時轉往新港，在車站前找到一家日式小旅館過夜。第二天，我們又到台東市區找我在公學校時期的要好的同學，並在他家過夜。第三天，我們就在台東車站轉搭客運車前往高雄，然後分別回去美濃和六龜家裡。

傅春妹：阿華叔回到家就把自己關在房間裡。我想，他一定是苦苦想著，如何才能讓新婚以後聚少離多的阿華叔母和阿婆放心，讓他再出遠門。他知道，這次一走，如果平安無事，也要等局勢平靜下來才能回家，而這不會是一年、兩年的事。要是出了事，那就肯定再也見不到他們了。最後，他還是決定讓阿華叔母知道實情。他應該認為，她有了心理準備，也比較能夠面對現實吧。阿華叔母是讀書人，對外頭的局勢和慶華叔的為人、想法應該也有一定的了解，雖然心裡不捨，還是支持他的計畫。她要他放心走，說她會好好照顧我阿婆。這些都是她後來告訴我的。她當時認為，等到風頭過了，他們還是可以再一起的。那天晚上，吃過飯後，阿華叔就向阿婆說，現在台灣的景氣不好，工作不好找，他想和朋友一起到日本做生意。他又安慰阿婆，說以後他不在家，阿華叔母會孝順她。他要阿婆好好保重身體。阿婆的眼淚馬上流了出來，哽咽著埋怨阿華叔，說他怎麼才討婆娘就要走得那麼遠呢。一個晚上，不管阿華叔、阿華叔母和我爸怎麼勸解安慰，她就是不肯接受。夜深了。阿華叔不忍心讓阿婆傷心而失眠就敷衍阿婆，說他過一陣子看看怎麼樣再說。然後，大家就各自回房睡了。第二天，他仍然待在房裡。我想，應該是在整理行李吧。到了傍晚，他趁阿婆到田裡摘豬菜的時候，拿著收拾好的一些書籍、信件和照片到屋外燒了。然後，他就坐在房門口的屋簷下，藉著昏黃的天光擦鞋。

鍾炳金：那時候，因為教書的月薪買不到一斗米，我就辭了職，在台南甲仙做木屐來賣。傅慶華被捕的前一天，我剛好到竹頭角一家製材所訂貨。因為很久沒看到傅慶華了，事情辦妥後，我就順便繞到他家，看他在不在家。在這之前，我聽說美濃庄上有一位在基隆中學教書的李旺輝老師在鍾理和家的後山被捕。報上也經常有槍決「匪諜」的新聞報導。我原先以為以傅慶華的個性和作風一定也會牽連這種案件。然而，因為他敢在這種風聲鶴唳時期結婚，我又認為他應該沒有牽連到什麼案子才對。因為這樣，我才敢去找他。當我走進他家時，他正坐在房門口擦皮鞋。我就問他，說怎麼，你要出外啊？他抬起頭，看到是我，就回答說，明天他想再出去，找看有沒有頭路好做。我在他身邊的門坎坐了下來。他一邊擦鞋一邊問我，最近好嗎？怎麼有閒過來坐。我於是把我的近況告訴他。他聽我說完，就問我生意好做嗎？我隨口說暫時還過得去。我又話了一會家常就要走了。他挽留我再坐一會。他說，吳聲潤從台北下來，可能馬上就要到了。他又說我也很久沒看見他了。我說，我也很想留下來跟他們多聊一會，不過，我太太前兩天流產，不趕快回去不行。他聽我這樣說，也就不再強留，於是站起來送我。當我們走到大門口時，他又突然要我回去以後趕快把他以前拿給我看的那些東西燒掉。我沒問為什麼，就離開了。

吳聲潤：十二月三十日，我再次話別祖父母，離開六龜家裡。傍晚，我來到竹頭角慶華家，與他會合。我剛進門，他就告訴我，鍾炳金剛走沒多久。這時，出美濃的車班已經沒了。我們決定，當天晚上在他家過夜，明天一早再坐頭班車出去。第二天，天還沒亮，慶華的妻子就起來給我們做了早餐。吃過飯，我們就趁著他母親還沒起來，趕緊出門。外頭的天光已經濛濛亮了。我們才走出屋外幾十步，兩名穿著制服的警察突然從一堆長滿雜草的小土坡後面鑽了出來。其中一名警察大聲問道那一個是傅慶華？慶華知道事情已經躲不掉了，就以他向來敢作敢當的態度毫不畏懼地說他就是。那名警察又拿著手槍指著我問慶華他是誰？慶華就說我是昨天到家裡來玩的朋友。那兩名刑警也不多囉唆什麼，用槍押著慶華和我往前走去。原先躲在屋外暗處守衛的另外兩名警察也拿著槍跟在後頭走著。他們就這樣一路小心警戒地把我們押到美濃派出所。這時，太陽從東邊山頭爬上來了。

鍾炳金：那天晚上，我從傅慶華家剛回到家，我太太就跟我說甲仙那邊有事，要我盡快跟他們聯絡。第二天。我一大早就到美濃派出所借電話。我一腳踩進派出所門口，卻看到傅慶華和吳聲潤已經安靜地坐在那裡。他們兩人身上都穿著整齊的西裝，手腕也沒有被手銬扣起來。我心裡還是明白，他們一定是被捕了。我於是故意跟他們兩人打招呼，說你們兩人怎麼那麼早，要去哪裡？傅慶華就面帶嘲諷笑著對我說，他們一大早就被那些刑事送來了，也不知道要帶他們去哪裡玩。我已經可以判定傅慶華一定也是牽連所謂的「匪諜」案而被捕的，可是我還是裝作不知情地問說怎麼回事呢？這時，原先坐在一旁的刑警不讓我們再談下去了。他故意問我，說鍾先生有什麼事嗎？我只好說沒有，來借個電話。後來，我就沒有機會再跟傅慶華講話了。我打過電話，就走到派出所外頭的一棵龍眼樹下觀察事情的發展。幾分鐘後，我看到傅慶華和吳聲潤在幾名刑警的陪同下走出派出所，然後被押上停在門口的一輛朱紅色的消防車。我站在樹下，看著那輛消防車駛離，一直到看不到車影了才難過地走回家。這也是我最後一次見到我的童年好友。回家以後，我才想起他昨天交代我的話，於是趕緊把家裡所有可能有問題的書和雜誌統統放火燒了。

傅春妹：阿華叔被抓走之後，第三天，我阿爸也被抓走了。我們家整個被搜得亂七八糟。阿叔的新房裡頭有一個書櫥，裡頭擺滿了書。結果，光是那些書，他們就載走了好幾箱。當他們離開時，還把阿叔和叔母的新房貼了封條。

六、偵訊、翻供與判決

敘事者：故事敘述到這裡，人們一定會問：傅慶華為什麼會被捕？行蹤是怎麼暴露的。這個問題，作為當事者的吳聲潤並沒有答案。在他看來，這也不是挺重要的問題。反正，在那全面肅清的恐怖年代，除非跑到海外，否則，早晚還是要被捕的。他這樣認為。然而，我以為，歷史報導者有一定的責任，給讀者提出一種合理的說法，即便這個說法無法確切說明當時的事實，也可以讓讀者更能進入歷史的現場吧。因此，我們不妨再次暫停故事情節的敘述，一起來探討傅慶華之所以被捕的究竟。

既然相關的歷史見證者沒有一個確切的說法，我們只好再來看看官方文件是怎麼說的。

根據安全局機密文件「匪台北市工委會松山第六機廠支部傅慶華等叛亂案」的「對本案之綜合檢討」欄記載，為了「保留其組織之殘餘力量」，林如堉、蔡瑞欽、謝傳祖和張萬枝等人被捕後「始終不供出傅匪之關係」。另據「偵破經過」欄所載，一直要到一九五〇年十二月間，台灣省保安司令部才據「緝獲奸匪台北市工委吳思漢供出之線索」，轉飭高雄縣警察局查明傅慶華行蹤，並協同台灣省保安司令部高雄諜報組「按址捕獲」。「對本案之綜合檢討」欄又載，「偵辦單位於查明傅匪已返回原籍時，曾按址前往逮捕未獲。當即派員在其住宅附近祕密監視。約一星期始發覺該傅匪潛返。即順利捕獲」。

這樣看來，傅慶華的身分之所以暴露，主要是因為他的「最後一任領導人」吳思漢被捕以後「供出之線索」所致了。然而，事實果真如此嗎？為了搞清楚事情的真相，我想，我們有必要看看吳思漢的官方檔案是怎麼說的。

傅慶華的「最後一任領導人」吳思漢就讀台北高校時與弟弟。（台灣民眾文化工作室收藏）

一直要到多年之後，我們才通過目前可見解密檔案中的一九五〇年六月七日吳思漢在保密局的「訊問筆錄」確知：京都帝國大學醫學部肄業的吳思漢於一九五〇年五月二日在嘉義被捕，並供出他在台北市工委會委員職務中領導的組織及黨員，包括「松山第六機廠一個支部，負責人傅慶華，黨員四、五人」。那麼，可以說傅慶華是被吳思漢出賣的嗎？不能。畢竟，在此之後，傅慶華不但沒有立即被捕，而且還在赤柯山進行榴彈試爆。再者，在此之前，作為領導上級的吳思漢已經要身分暴露了的傅慶華及其支部轉入地下了。他之所以供出傅慶華及松山第六機廠支部，恐怕也是在嚴刑拷打，不得不交代些什麼的偵訊鬥爭情境下，「企圖保留其組織之殘餘力量」而供出的敵人應該已經掌握的情報吧。

那麼，台灣省保安司令部怎麼能夠於一九五〇年十二月間，根據已於十一月廿八日被槍決的吳思漢「供出之線索」，最終「按址捕獲」傅慶華呢？

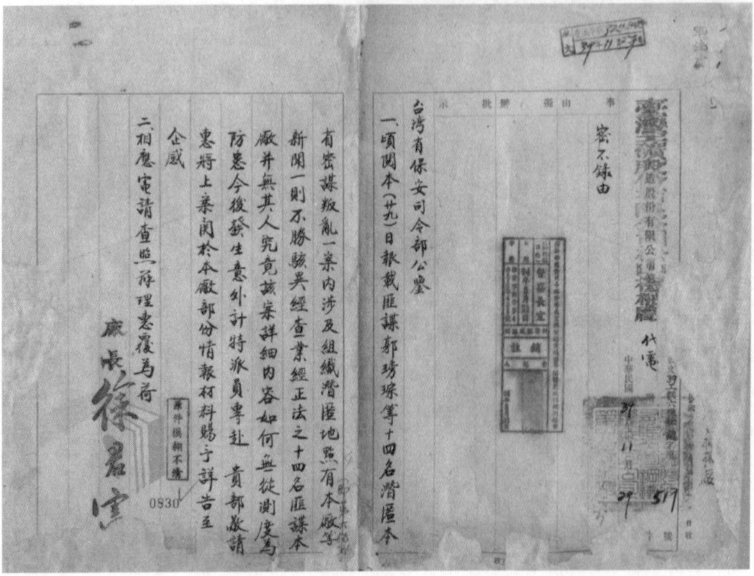

密不錄由

台湾省保安司令部公鑒

一、頃閱本(廿九)日報載匪諜郭琇琮等十四名潛匿本

廠有密謀叛亂一案內涉及組織潛匿地點有本廠等新聞一則不勝駭異經查業經正法之十四名匪諜本廠并無其人究竟該案詳細內容如何無從測度為防患今後發生意外計特派員專赴　貴部敬請惠將上案關於本廠部份情報材料賜予詳告至企感

二、相應電請查照辦理惠覆為荷

廠長徐君

一九五〇年十一月二十九日松山第六機廠廠長特派專員赴省保安司令部說明。

根據後來可見的解密檔案，事情的發展應該如此：

一九五〇年十一月廿九日，松山第六機廠廠長看到報載郭琇琮、吳思漢等十四名「匪諜」於前一日槍決的新聞，該廠「涉及組織藏匿地點」，「不勝駭異」，隨即特派專員赴台灣省保安司令部說明：「經查業經正法之十四名匪諜本廠並無其人」，因為「該案詳細內容如何無從測度」，為了「防患今後發生意外」，敬請該部「惠將上案關於本廠部分情報材料賜予詳告」。

十一月三十日，台灣省保安司令部密覆：「查已決犯吳思漢曾供出其領導之下有松山第六機械廠一個支部，負責人某某及黨員四、五人等語，筆錄在卷，現有關機關尚在查究中」。

十二月一日，郭琇琮、吳思漢等人的審判官鄭有齡向保密局電話查詢：「已決犯吳思漢所供松山第六機械廠匪諜負責人傅慶華是否已捕獲」。保密局法官趙公嘏覆稱：「該傅慶華在逃未獲續在查緝中」。

十二月二日，台灣省保安司令部軍法處先將保密局法官趙公嘏的答覆轉會該部保安處。

十二月四日，台灣省保安司令部軍法處法官鄭有齡呈請該處處長核示：先前答覆松山機廠密電的負責人「『某某』似應註明『傅慶華』以便該廠協緝」。

十二月八日，台灣省保安司令部軍法處於是再覆密電台灣工礦股份有限公司松山機械廠云：「查已決犯吳思漢曾供出其領導之下有松山第六機械廠一個支部，負責人傅慶華及黨員四、五人等語，筆錄在卷，現有關機關尚在查究中，覆請查照，並予協緝為荷」。

十二月十四日，台灣省保安司令部軍法處再致該部保安處：「查已決匪諜犯吳思漢（台北市工作委員會委員）前曾供稱其領導之下有松山第六機械廠支部，負責人為傅慶華，及匪徒四、五人等語。嗣於執行吳思漢時，該松山機械廠廠長徐君豪從報紙上閱及該廠有匪諜組織，當即密電本部查詢，經由本部電話詢問保密局原辦案機關趙法官公甝承告，該傅慶華尚在逃未獲。乃由本部電覆松山機械廠，請其協緝。茲准該廠來電並附同傅慶華信件開有住址，相應移請貴處從速偵辦為荷」。

一句話，早就接獲吳思漢的指令而轉入地下的傅慶華之所以被捕，就是在情治單位「採取長期監視耐守方法」的形勢下依然冒險返家的必然結果吧。當然，在沒有確切的證據下，這也是歷史報導者根據既有的材料與常理加以研究推敲的看法了。我們還是繼續來看傅慶華被捕以後的遭遇吧。

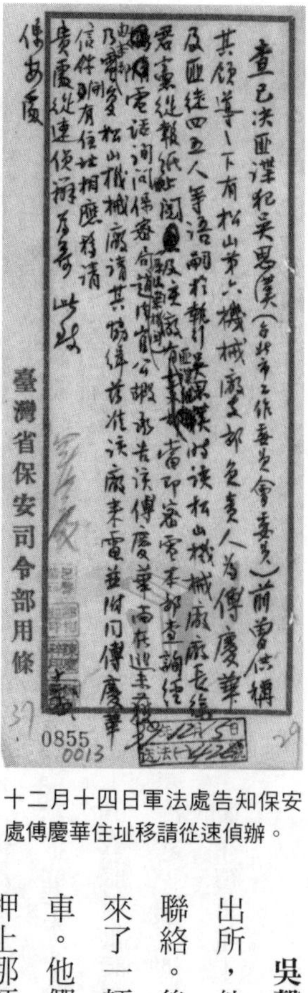
臺灣省保安司令部用條
0855
0013

十二月十四日軍法處告知保安處傅慶華住址移請從速偵辦。

吳聲潤：在美濃派出所，他們一直打電話聯絡。後來，外頭終於來了一輛朱紅色的消防車。他們就把我和慶華押上那輛消防車，直接開往旗山分局。美濃派出所的刑警把我們移交給分局的人就回去了。沒多久，我們又被另外幾名刑警押上一部軍用吉普車，扣上手銬，駛離旗山分局，一路不停，開往鳳山調查站。我們在調查站一直待到天黑了，才又被載到火車站，押上一節沒有其他乘客的火車車廂。過沒多久，又有幾名涉案的人被押了上來。我們看到鍾里志也在裡頭，就互相苦笑了一下。火車連夜北上。到了台北車站，鍾里志就和我們分開了。我和慶華被載到一個不知名的監所後立刻被隔離，各自單獨關在一間押房裡頭。後來，我才知道，這個地方是日本時代的西本願寺改建的保密局看守所。也就是現在西門町的新光獅子林。我們到了那裡以後，沒多久，慶華在松山機廠的機械助手詹溪川也被送進來了。

詹溪川：我是在彰化永靖家裡被捕的。他們來抓的時候，我還跑了一段路。但是，他們從後頭邊追邊開槍，我只好乖乖地被抓。他們先把我帶到彰化警察局，然後再轉送台北保密局。我一進去，就看到傅慶華和吳聲潤也被抓進來了。傅慶華看到我還開玩笑地向我打招呼，說溪仙，你怎麼也來了。是啊，我苦笑了一下，然後說來跟他做伴。後來，我才知道，原來我們是在同一天被抓的。

在偵訊時，他們首先就問我和傅慶華的關係。我回答說我是他的機械助手。特務又問我們兩人的組織關係。我堅決否認自己參加過什麼組織。因為這樣，我就被一再地刑求逼供。審問者輪班更替，卻不讓我休息。當我要睡著了，馬上就被打或電。我於是又睜開眼，面對那千篇一律的審問。同房有個原是鐵路局員工的同案張萬枝被刑得很厲害，一直喝自己的尿來療傷。我雖然在外頭時不認識他，還是盡我所能地照顧他。

吳聲潤：五〇年代坐過牢的人都知道，西本願寺的獨人押房是最恐怖的地方了。四面都是厚厚的水泥牆，僅有鐵門上的那扇小窗口可以透點氣和光進來。人在那裡關久了，整個身體都被蔭白了。押房陰濕低矮。我們一進去，身上的衣服就被脫得只剩薄薄的單衣。獄方只給我們一件又破又薄的毯子。在那十二月的寒冷天，晚上總是冷得睡不著。白天，我們只能伏踞或彎腰低頭，像穴居動物那樣來回走動。每天早上，送來一小盒稀飯和幾塊蘿蔔乾。我們就靠這點食物來維持肉體的動能。

一個月後，我才在半夜被叫出去作筆錄。在我們被捕的當下，慶華就已經覺悟到，自己的前途將是死路一條了。一路上，他都找機會向我強調，不管怎麼樣，我一定不能供認和他有任何組織關係。可是，我知道，到了這個時候，我不承認一些事情是不行的了。所以，他們問什麼，我能承認的，也都承認。他們首先問我參加什麼組織？我回答說工程師學會。他們又問我為什麼要參加這個組織？我就回答說，我愛我的祖國，所以光復後決心從日本回來建設台灣，就參加了。然後，他們又問我和慶華的關係。我都照實說了。因為這樣，我沒有遭到任何刑求，偵訊就結束了。但是，慶華卻被刑得很厲害。我一直不曾和他關同房，只有一次從低矮的牢門木條柵縫看到他。因為這樣，也沒有機會了解他是如何面對嚴酷的刑訊的。

敘事者：在保密局關押一個多月之後，傅慶華等人又被移監青島東路的軍法處軍人監獄。在保密局，傅慶華究竟如何面對嚴酷的偵訊鬥爭？說了什麼？沒說什麼？在沒有官方檔案可供參考的情況下，除了吳聲潤與詹溪川，難道就沒有曾經和他同房繫獄而倖存的政治受難人可以提供我們一些間接的證言嗎？而我的採訪經驗讓我不相信發生過的事情會一點尋找的線索都沒有。於是我仍然不停地打聽尋索。終於，在採訪過程的閒聊中，通過劉玉雄先生的指點，我得知他的岳父李旺輝先生曾經在軍法處與傅慶華有過交集。他也許就是能夠幫我們理解這段歷史的見證人。

李旺輝先生是因為牽連基隆中學案而入獄十五年的美濃當地的政治受難人。其實，早在採寫《幌馬車之歌》之前，我就已經採訪過他了。只是這些五〇年代白色恐怖時期的政治受難人普遍有一種共同的修養，就是不多話。通常，你不主動提起的問題，尤其是牽涉到第三者的事情，他們是不會主動向你訴說的。正因為這樣，要是沒有劉先生的指點，我也無從知道李旺輝先生和傅慶華的這段關聯。

李旺輝：一九二二年，我出生於美濃貧農家庭。一九四八年九月經由鍾里志介紹加入組織。一九五〇年九月在美濃尖山被捕，輾轉從刑警總隊、西本願寺移送到青島東路軍法處看守所。軍法處的押房一共分成四區。樓下是一區和二區，一共有十六間押房。樓上是三區和四區，中間有一個大廳，隔間不同。恰恰就在這裡，我見到了傅慶華。

那天，我從同房難友的談話中聽到隔壁房新來了一個難友，而且還是我們美濃人，於是就在緊鄰的角落，隔著牢房磚牆同他講話。與此同時，同房一名難友就手拿一面破損的小玻璃鏡斜照走廊盡頭處的方向把風。只要看守一出現，就立刻向我示警。我先自我介紹說我是美濃人李旺輝，然後問傅慶華你叫什麼名字。傅慶華聽到我的招呼之後顯然很驚訝。他先說李旺輝你也在這裡呀，然後才說他是竹頭角的傅慶華，又說先前他還聽到我被捕的風聲，沒想到會在這裡碰見。

其實，我和傅慶華從小就互相知道了，只是不太熟。我的年紀比他稍大幾歲，同是美濃公學校前後期的績優生。後來我去日本念宮崎工業學校，畢業後考進東京研數專門學校，一九四六年三月回台，先後任教高雄中學、高雄工業學校。那時，他在六龜上班，兩人還時常碰到。一九四七年農曆年過後，我應鍾浩東校長之邀任教基隆中學。他在台北工作。我們就沒再碰過面。

因為是同鄉，以前又都互相認識，我們就在押房裡頭用客家話聊了起來。他告訴我他早就覺悟了，知道自己難免一死，也準備義無反顧赴死。我聽了就委婉勸他，說事情也許還不到這個地步吧。沒想到，他卻要我不必安慰他了，說他自己心裡清楚，自己做的事自己承擔。我於是問他都說了些什麼？他說他從偵訊開始就表明了身分。我問什麼身分？他說他承認自己是小組長。聽他這些話，一時之間，我倒不知該跟他說什麼才好。他也沒再說什麼。過了一會，我才又用溫和的語氣向他表示我的批評意見。我不認為他這樣做是對的。首先，儘管他被捕了，對方也不一定就知道他的組織身分，大可不必自己先表明。其次，即使對方已經知道了，也不必一定要承認。最後，就算到了不得不承認的時候，還是要設法開脫一些人和事。他聽了以後就靜靜地，沒有再說什麼。我

李旺輝，一九八八，美濃鍾鐵民先生家。（藍博洲／攝）

看他好像認識到自己一味勇於赴死並不是正確的態度，而且還聽得進勸，就繼續說。我說，其實個人的安危和組織的存亡有互相一致的地方，只要個別的人還活著，組織就有它的可能性。再說，像他這樣表明了自己的身分，儘管有心保護其他人，問題是又要如何交代他的組織關係呢？基本上，他應該能夠接受我講的這一番話，因此語氣沉重地問我，那麼，依我看，他現在該怎麼辦呢？我想了一下，然後說既然他已經表明過自己的身分了，也很難再否定這種說法。現在，還可以補救的是，把自己說過的話再重新仔細想過，看看有那些地方講得不周全，等到下次開庭，再試著一點一點修正，扭轉回來。這樣，也許可以避免更大的牽連吧。他說他會好好去想。

有一天，吃過早飯後，我正在洗臉，恰好看到傅慶華和另外三四個難友被帶出去。我想，可能是調房吧。但是，從此以後，我就沒再見到他了。

敘事者：傅慶華究竟在偵訊中供認了什麼，後來又做了那些翻供的努力，我們無從得知。這裡，我們不妨再看一次安全局機密文件「匪台北市工委會松山第六機廠支部傅慶華等叛亂案」有關傅慶華案情的記載。

安全局：傅慶華於民國卅七年初，在台灣鋼鐵機械公司松山第六機械廠充任技術員時，受該廠警衛陳文輝之引誘，思想轉變左傾。同年六月間，由謝匪傳祖介與林匪如堉結識，由林匪吸收正式宣誓加入匪幫。受另一匪徒林某領導。後轉由蔡匪瑞欽領導。與謝匪發連合組該機廠小組，充任小組長。嗣因林匪如堉被捕，轉與丁匪中孚聯絡，先後吸收同廠技術員吳聲潤、技工詹溪川及樟腦局工廠工人周煥，台北鐵路局工務段工務員張萬枝等參加組織。三十八年十二月由丁匪介紹與吳匪思漢聯絡，越年春受吳匪之命，將該小組擴展為支部，由其擔任支部書記。

敘事者：顯然，傅慶華在偵訊中隻字未提關於赤柯山試爆手榴彈之事。根據安全局機密文件第二輯所謂「匪竹北區委赤柯山支部林礽階等叛亂案」的「偵破經過」欄另載，情治機構在傅慶華被捕以後仍然沒有掌握到傅慶華到赤柯山試爆手榴彈之事。它在該案寫道：

一九五一年二月，前內政部調查局經內外配合偵查，發現林礽階曾與不明姓名之二青年，於一九五〇年春，在赤柯山後山火藥庫附近祕密試驗炸藥，不慎將其中一人雙手及面部炸傷，到竹東水泥廠附近蕭外科醫院醫治，有該處工友呂鶴壽目擊。

據該文件記載，此案的偵破時間是一九五一年四月廿二日。當天，林礽階被捕，傅慶華的堂姪傅傳魁也被捕。然而，根據「匪台北市工委會松山第六機廠支部傅慶華等叛亂案」所載，在此之前，傅慶華不但隻字未提「試爆手榴彈」之事，而且就在「林案」偵破前一天，國防部已經批准「傅案」的判決，並於四月廿四日執行傅慶華死刑。準此來看，起初，情治單位並不確知與林礽階祕密試驗炸藥的兩名不明姓名之青年是誰，一直要到林礽階與傅傳魁被捕之後，「其中一人」傅慶華的身分終於暴露。只是，他已經犧牲了。

那麼，傅慶華的口供有那些地方需要重新斟酌呢？關於這點，多年以後，在台北檔案局解密的「國防部軍法局」永久保存，該局「第四組」承辦的前台灣省保安司令部有關「傅慶華吳聲潤詹溪川張萬枝叛亂案審核卷宗」，我們終於通過台灣省保安司令部（40）安澄字第〇九六六號判決書所載，該部軍法處審判官端木棪的判決「理由」部分，看到傅慶華曾經做過怎麼樣的「翻供」努力。

端木棪：被告以前之口供及自白書均承認：由林匪如堉介入匪幫，在林家宣誓，蔡匪瑞欽為其上級領導人。後則供係由第六機廠警衛陳文輝介紹，加入匪幫，受陳領導，與蔡瑞欽僅為朋友關係等語。無非因林如堉、蔡瑞欽已先後被捕，尤以蔡匪尚在另案審訊中，為欲掩飾林、蔡罪證，故翻異前供，不為不利於蔡匪等陳述，將其介紹人及領導人變為早已逃往福州之陳文輝。詞意狡猾，不足採信。

敘事者：傅慶華在這場「翻供」鬥爭中還是輸了。一九五一年三月十七日，端木棪「依修正懲治叛亂條例第二條第一項」判處傅慶華死刑、褫奪公權終身，吳聲潤、詹溪川、張萬枝各處有期徒刑十二年、褫奪公權十年。

端木棪：傅慶華前在台灣鋼鐵機械公司松山第六機械廠充任技術員，於民國卅七年初，受該廠警衛士陳文輝（即劉文輝）之引誘，意志思想轉變左傾。同年六月，經謝匪傳祖介與林匪如堉結識，由林匪介紹經宣誓後加入匪幫，由另一匪徒林某領導，與林匪如堉聯絡。後轉由蔡匪瑞欽領導，與謝匪發連合組第六機械廠小組，充任組長，從事領導組織工人爭取工資等工作。嗣因林匪如堉被捕，轉與黃某聯絡，經黃匪指示擴展組織、調查工廠生產狀況、提高工人政治意識等事項。卅八年二月吸收同廠技術員吳聲潤。同年秋復吸收同廠技工詹溪川及樟腦局工廠工人周煥等加入小組。又張萬枝前係鐵路局嘉義工務段工務員，於卅七年冬在高雄與匪丁中孚（按即匪黃某）認識，當時受丁誘惑，尚未加入匪幫。至卅八年春，在台北鐵路局工務處服務。黃匪派遣傅慶華，化名陳天良，與張聯絡數次，進行吸收。張曾書寫自傳履歷，加入匪幫為候補黨員。同年六月，調在嘉義鐵路局工務段服務，仍由傅慶華遣林匪有池與張聯絡。同年十二月左右，黃匪又介紹匪台北市工作委員會委員吳匪思漢（化名李大成）與傅聯繫。卅九年春，吳匪通知傅慶華將第六機械廠小組成立支部，由傅擔任書記，一面轉請匪工委會批准。本部於去年十二月據供先後飭屬會警將該傅慶華、吳聲潤、詹溪川等逮捕，並飭新生總隊將發交感訓人犯張萬枝乙名解部審辦。

被告傅慶華在高雄縣警察局暨本部審訊時已先後供認：於民國卅七年六月由林匪如堉介紹經宣誓後加入匪幫，與林匪聯絡，轉由蔡匪瑞欽領導，與謝匪發連合組第六機廠小組，充任組長，從事領導組織工人爭取工資等工作，林匪就捕後繼與匪黃某聯絡，復經黃匪指示擴展組織、調查工廠狀況、提高工人政治意識等事項，先後吸收吳聲潤、詹溪川、周煥等加入小組，並吸收張萬枝參加匪幫，又與匪台北市工作委員會委員吳匪思漢聯繫，將第六機廠小組成立支部，擔任書記等事實，自白在卷。核與另案吳匪思漢（業經判處死刑）關於該被告之重要供述，及被告吳聲潤、詹溪川、張萬枝等所供情節相符，罪證至臻明確。

查被告係匪台北市工作委員會松山第六機械廠支部負責人，其充任組長、書記，領導組織工人，鼓動工資鬥爭及吸收黨徒等行為，顯係意圖以非法之方法顛覆政府而著手實行，無疑應依法論處極刑，以昭炯戒。被告之財產除酌留其家屬必需生活費外應全部沒收。

吳聲潤：後來，我們沒開庭就直接宣判，也不給我們判決書。經過再三申請，我才看到自己的判決書。這才知道，在偵訊期間，慶華一心尋死。在考慮到朋友和同志的利害關係下，他已把自己的所作所為交代得清清楚楚。可閃卻不閃。正因為他的思想明確，有邏輯，再加上敢作敢當，不願違背初心的個性，最終讓他走上就義之路。也因為他堅決不透露製造手榴彈的事，我們才能保住一條命吧。

七、槍決與餘波

敘事者：三月廿二日，台灣省保安司令吳國楨檢同「傅慶華等叛亂一案」卷判，電請國防部參謀總長周至柔核示。

四月廿一日，國防部軍法局第四組承辦人將周至柔「核准傅慶華等叛亂一案罪刑」的「批答」發文台灣省保安司令部，「希遵照執行并將執行傅慶華一名死刑日期據報備查」。

四月廿四日，上午六時，台灣省保安司令部將傅慶華「驗明正身，發交憲兵第八團，綁赴刑場，執行槍決」。

詹溪川：傅慶華赴死的情形我沒有看到。有一天，我在洗澡的時候，忽然有一小片新聞紙沿著排水溝流到我的前面來。因為好奇，我就偷偷撿起來看。那上頭恰恰是傅慶華被槍決的報導。

吳聲潤：那天，清晨五點左右，押房大門的門鎖又喀啦喀啦地響了起來。我豎起耳朵，聽著由遠而近一路響過來的鞋釘碰地聲。腳步聲突然停了。所有的人人於是聽到一聲淒厲的點名：傅慶華，開庭。後來，我聽一個與慶華同房

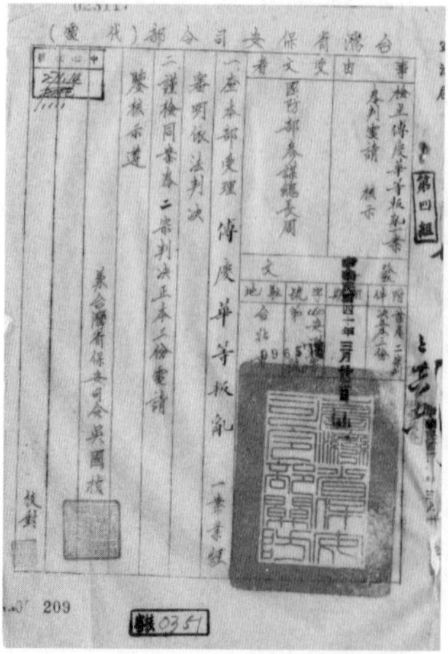
台灣省保安司令部代電（慶）
事由 檢呈傅慶華等叛亂一案判決請核示
受文者 國防部參謀總長周
鑒核示遵

一九五一年三月廿二日省保安司令吳國楨呈請國防部參謀總長周至柔核示「傅慶華等叛亂案」的判決。

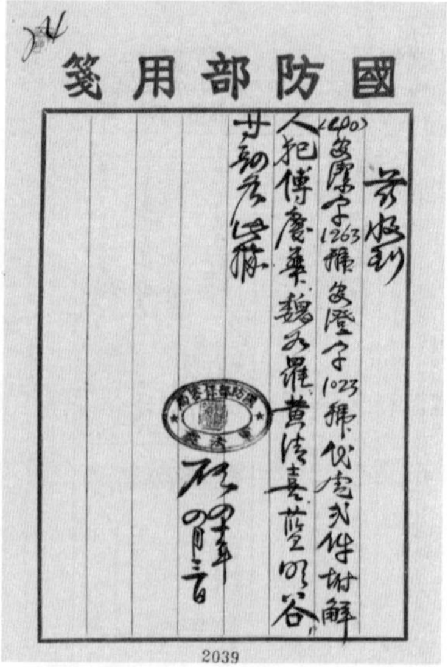
國防部用箋

一九五一年四月三日保密局收到傅慶華等四名「押解人犯」。

的難友說，當慶華聽到叫他的名字時，安靜地站起來，整了整身上的衣服，把頭髮往後抹了抹，然後從容地走出押房。當他經過我的押房時，我扶著柵欄哽咽地叫了一聲：慶華。他別過頭來，看了我一眼，一貫自負地笑了笑，說了聲保重，隨即安靜地走向前去。我感覺到他那掛在瘦削青蒼的臉上的笑容，帶著一股理想不能實現而顯得說不出來的不甘願。這時候，押房裡一如往常，響起了低沉而悲傷的〈安息歌〉。

劉玉雄：有一天，放學回家的時候，有人告訴我，說我舅舅被槍斃了，我怎麼還在路上玩。那時候，我也聽不懂「槍斃」是什麼意思。可是人家既然這樣說，我就馬上跑回家。回到家，我就把路上碰到的事情告訴我媽，並且問她槍斃是什麼意思？我媽並沒有回答我什麼，只是面無表情地說，小孩子不要管這些事。

傅春妹：我爸被關了兩個多月後才釋放回家。回家以後，他馬上要面對的就是一家人要怎麼才能吃飽肚子活下去的現實問題。自從慶華叔結婚以後，他一方面怕慶華叔母不習慣豬舍傳出來的臭味，一方面也想讓年近七十的阿婆享點晚福，就不讓阿婆再養豬了。現在，突然碰到這樣大的劫難，為了活下去，家裡於是又開始養豬了。

鍾炳金：一天早上，傅慶華的大哥傅慶雲上街找我，要我陪他去買幾隻小豬仔來養。他說我是做生意的人，比較會講價。我知道他向來很疼愛弟弟，現在碰到這種事，實在也很難為他了。我於是說沒問題，然後就陪他到我家附近一家種豬場。我邊走邊問他台北的事怎麼樣了？他憂心地說慶華在那裡一直和那些人大聲爭吵。我們看了那家的小豬後，他還想到到別家比價。我還有事，就不陪他去了。我才剛踏入家門，家裡人就拿著報紙跟我說：傅慶華被銃殺了。我趕緊拿過報紙，匆匆看了一遍報紙的槍決記事，立刻又跑出去找傅慶雲。可是我跑了附近幾家種豬場都沒有碰到他。

傅春妹：那天，我爸一直到天要黑了時才回到家裡。他於是瞞著阿婆，把報上的消息悄悄地告訴慶華叔母。這時，美濃已經沒有車出去了。他也無法立刻趕去台北收屍。第二天一早，他就跟慶華叔母搭頭班車出美濃。

楊運登：傅慶雲得到弟弟被槍決的消息後，就上台北來領屍。他在台北無親無故，我和他不但是同庄人，而且，他有個妹妹也嫁到我們楊屋夥房。算起來，我們也鑾親的。他就到永康街找我幫忙。其實，我已經從報上得知傅慶華的結局了。可是，因為怕傅慶雲難過，看到他時，我還是裝作不知情地問他，說阿雲哥，你上台北來有什麼事嗎？他說，慶華被銃殺了，他要去領屍。他婦人家（老婆）說要去找娘家的兄弟一起去刑場，在車站就和他分手了。他不知路要怎麼走就想要麻煩我帶他去。聽他這樣講，一時之間，我也不知如何安慰他才好，就立刻帶他趕去馬場町刑場。到了馬場町空曠的刑場，我幫他辦了一切該辦的手續。這時，傅慶華的妻子也趕到刑場了。我們於是進入刑場，尋認傅慶華的屍身。我看到，刑場的泥地上還躺著三具屍體，地上劃了三個圈圈，其中一個死者靜靜地躺在圈圈裡頭，另外兩具屍體距離圈圈有一段距離，泥地上殘留著他們中彈後痛苦掙扎的爬行痕跡。我們走近前去，終於辨認出躺在圈圈裡頭的傅慶華的屍身。他身上所穿的短袖囚服沾染了泥土和血跡，胸膛上恰似花開燦爛般綻裂著兩個子彈穿過的洞痕，朝著無際的天空的臉好像微微地笑著，但雙眼卻憤怒地睜視著。我們然後把傅慶華的屍身送往極樂殯儀館。就在館裡頭的人員給慶華清洗化妝時，我們都注意到，他的鼻孔竟然有流血的痕跡。然而，在馬場町時，我們並沒有發現這種異象。就一般鄉下人的迷信，這表示說，死者是含「冤」而死的。我們又把處理後的屍體送往不遠處的火葬場火化。然後，一直壓抑著沒有放聲哭泣的慶華的妻子就與我們分手。我就送帶著傅慶華的骨灰罈的阿雲哥到台北火車站。到了車站，天色已經暗下來了。最近一班車還有一段時間。我要阿雲哥別等了，先跟我回家休息，吃了晚飯，再坐最後一班夜車回去。我強調說，他現在回去，到了南部，也沒有車進美濃了。他想了想，大概覺得我說的也對，就捧著骨灰罈，跟我回家。這時候，街燈也一個一個亮起來了。

傅春妹：我爸和慶華叔母先後從台北回到家。第二天，天剛濛濛亮，慶華叔母便拎著裝著慶華阿叔赴死時身上所穿衣服的包袱，一路走到村裡婦女洗衣的圳溝邊，打開包袱，然後把那身衣服浸入冷涼的圳溝水中。圳溝裡原本清澈的溪水立刻就被染成一片血紅，靜靜地流向前去，環繞竹頭角一圈。我覺得，她好像是讓慶華阿叔向竹頭角的鄉親們作最後的告別。

劉玉雄：幾天後，我跟隨媽媽到大舅家，剛好看到慶華舅媽在收拾慶華阿舅身上穿的那件衣服。她跟我媽說要留作永遠的紀念。另外，按照我們客家人的習俗，人死以後的骨灰罈必須先放在外頭齋堂「寄岩」一段時間。可是我聽我媽說，舅媽卻留戀不捨，堅持要把它放在家裡奉祀。公廳不能擺，她就擺在臥房外頭的廊下。每日早晚都點香祭拜。說什麼也不肯讓人移走。

敘事者：五月八日，台灣省保安司令吳國楨向國防部參謀總長周至柔「呈報叛亂犯傅慶華執行死刑日期」，並「檢呈該犯生前死後相片各二張」，「電請鑒核」。

五月十五日，國防部軍法局第四組承辦人將周至柔「准予備查，照片存」的「批答」發文台灣省保安司令部。

這樣，傅慶華的肉體問題終於消滅淨盡了。剩下的事情，就是解決死者的財產了。

高雄縣政府奉台灣省保安司令之命，調查傅慶華的財產並列冊如下：

家屬：無生產能力的六十八歲的母親，與二十三歲的遺孀鄧金鳳。

不動產：與大哥傅慶雲共同持有的三分多田地，以及持分六分之一的平房一棟。

動產：兩個抽屜的木製辦公桌一張，內裝破衣的竹箱一個。其妻鄧金鳳所有的木箱與皮箱各一個。與其兄共有的四個抽屜的木製辦公桌、木製神桌、長方型掛鐘、木製長條板凳、木製中型黑板與水牛等各一。

六月廿八日，台灣省保安司令吳國楨檢同傅慶華的家屬調查表及財產清冊各一份，並以「動產均係生活必需品」、「不動產為數不多」之由，建請國防部

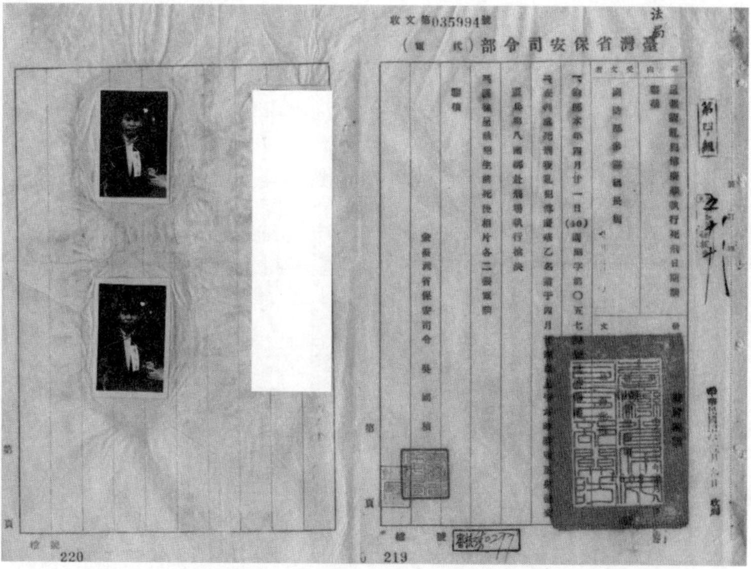
收文第035994號
臺灣省保安司令部（代　電）
220
213

一九五一年五月八日吳國楨呈請周至柔鑒核傅慶華執行死刑日期及生前死後相片。

參謀總長周：「似應留作該犯家屬生活費用」。

七月十一日，國防部電告台灣省保安司令部：周至柔批答「准」，並「希轉飭知照」。

傅春妹：我後來聽阿華叔母說，阿華叔在槍決前曾經寫給她一封訣別書，委婉勸她不要再等他了，說她還年輕，最好找個比他更好的人再嫁。阿華叔母當時才廿六歲。確實還很年輕。可是她卻一直沒有想過再嫁的事情。她好像已經在心裡抱著一生守著阿叔骨灰的念頭。最讓人感到遺憾的是，阿叔被捕時，她已經懷有身孕了。也許是憂心阿叔的下落吧，差不多四個月左右時，她卻在洗澡時意外跌倒而流產了。因為這樣，她和阿叔就沒能留下後代。

阿華叔母就這樣在傅家認分地生活著。她從來不曾做過什麼粗重活，現在，除了在廚房幫忙煮給大家吃之外，也跟著阿婆學會割豬菜、養豬。我阿爸向來就很疼她，而且不時出於善意地勸她改嫁。可是她始終不為所動。

日子就這樣在哀傷中一天天的過著。

兩年後，阿婆因為傷心過度而病逝了。她為了不讓我後母嫌她不會做，還是不得不離開傅家，離開竹頭角了。她向我阿爸表明要出去找頭路的心意。我阿爸不等她把話說完就鼓勵她說：好！好。他對她說，我們傅家虧欠她太多了，她還年輕又有知識，出去外頭，比較好。他要她自己處處要小心。第二天一早，阿華叔母就拎著那只裝著阿叔臨死時所穿的血衣的竹製行李箱，走到竹頭角車站，搭乘頭班車，離開這個貧窮而又讓她永遠懷念的村落。

從此以後，竹頭角就沒有人再見過慶華叔母，也沒有人知道她的下落了。

後記

敘事者：在尋訪傅慶華生命史的過程中，當傅慶華的妻子鄧氏出場時，馬上成為我急於尋找的一個歷史見證人。我認為，不論就了解傅慶華歷史的角度來看，或者是作為故事的閱讀來看，鄧氏應是最能說明許多模糊地帶的見證人。而她和傅慶華的愛情也會是人們最感興趣的一段情節。如果能夠採訪到鄧金鳳的話，這篇關於尋找傅慶華的報導，應該就可以通過他們兩人的愛情為主軸來敘述了。因為這樣，長久以來，我一直四處打聽她的下落。

起初，鍾炳金先生告訴我，鄧氏就是當年在黨外雜誌界頗有名的鄧氏兄弟的姑媽。他建議我，也許可以通過他們兄弟採訪到鄧氏。這樣，一九九〇年四月，我於是在台北市信義路一家頗具規模的兒童美語出版社兼連鎖補習班，拜訪了當年黨外雜誌界名人的鄧先生。我想，鄧先生本身曾經從事過黨外民主運動，應該可以理解我要尋訪他姑媽鄧氏的意義吧。然而，他在聽完我的採訪經過與內容之後只說會給我聯繫看看。當我告辭臨走前，他卻突然問我，依我看，他姑丈是什麼都不知道冤枉死的，還是真的有參加共產黨？我沒想到他會提出這樣的問題，遲疑了一下，然後才回答說：究竟他有沒有參加共產黨？我也不敢肯定地說。但是，就我目前的調查來看，他應該是有思想，有參加組織的吧。鄧先生於是欣慰地說，如果他不是莫名其妙地冤枉死的，這樣也好。然後他話鋒一轉又說，不過，話又說回來，如果當初讓他們搞成功的話，今天台灣的情況也許更糟。我不知該說些什麼，就離開了那棟豪華氣派的大樓。

我可以理解鄧先生講那些話背後的態度。但是，我以為這不應該是問題的重點，真要討論起來，問題就太複雜了。如果歷史人物的價值判定果真如同鄧先生所說的那樣的話，傅慶華當年的犧牲不就沒有什麼值得讓後人尊敬與感動的地方了嗎？這樣，我的尋訪傅慶華的工作還有什麼意義呢？那麼，我花那麼長的時間來尋訪這段歷史值得嗎？我還要繼續尋訪鄧氏嗎？我在交通繁忙的信義路的紅磚道上邊走邊想。當然，我的看法和鄧先生是不同的。我想，除非歷史記憶對我們是沒有意義的，否則，不管作為後人的我們是怎麼看待傅慶華那一世代台灣青年的政治理想與主張，基本上，我們還是先要抱著尊重歷史事實的態度，面對那段被刻意湮滅與扭曲的歷史，然後才能夠在對他們的時代與理想有所了解的情況下，進而作出一定的論斷吧。

我決定仍然繼續尋訪傅慶華的歷史之旅。

後來，我終於通過吳聲潤先生的尋訪而得知鄧氏的下落，並且幾次央求吳先生向她轉達自己想要拜訪她的意思。可是吳先生的幾次回答都是她婉拒了。最後，吳先生也跟我說到此為止吧，就讓她過個平靜的晚年，不要讓她再想起過去那段悲痛的往事了。既然如此，我想，我的尋訪傅慶華的歷史之旅也就只好到這裡為止了。

一九九八年六月十七日，基於現實政治的考量，繼一九九五年的「二二八事件處理及賠償條例」之後，執政當局公布了所謂「戒嚴時期不當叛亂暨匪諜審判案件補償條例」。然而，由於「五〇年代白色恐怖」是中國的國共內戰與國際冷戰的雙戰架構下產生的歷史悲劇，在性質上與純為地方政權施政不當而引發官民衝突的「二二八事件」截然不同，再加上它牽涉到國共鬥爭的意識形態問題，而在解除戒嚴令後修改的國家安全法中反共國策依然沒有更改，因此在「匪諜」、「共產黨員」及涉及武裝行為者不得「補償」的排除條款限制下，傅慶華的家屬恐怕沒有什麼希望獲得「補償」。因為這樣，我

傅慶華

一直不敢把他的生命史以紀實報導的寫法呈現。我只能以他的故事作為原型，寫了題為《藤纏樹》的長篇小說。同時也在小說出版後，南下美濃，前往竹頭角傅家家墓合掌祭拜，以此告慰他的在天之靈，也結束了我的尋訪傅慶華之旅。

一九九一年七月一日　初稿
一九九六年五月十七日　二稿
一九九八年十二月十日　三稿
二〇一七年七月二十八日　四稿
二〇一八年六月十二日　五稿

文學叢書 580

INK PUBLISHING

尋魂

作　　者　藍博洲
總 編 輯　初安民
責任編輯　林玟君
美術編輯　林麗華
圖片提供　藍博洲
校　　對　吳美滿 林玟君

發 行 人　張書銘
出　　版　INK 印刻文學生活雜誌出版股份有限公司
新北市中和區建一路249號8樓
電話：02-22281626
傳真：02-22281598
e-mail : ink.book@msa.hinet.net
網　　址　舒讀網http : //www.sudu.cc

法律顧問　巨鼎博達法律事務所
施竣中律師
總 代 理　成陽出版股份有限公司
電話：03-3589000（代表號）
傳真：03-3556521
郵政劃撥　19000691 印刻文學生活雜誌出版股份有限公司
印　　刷　海王印刷事業股份有限公司

港澳總經銷　泛華發行代理有限公司
地　　址　香港新界將軍澳工業邨駿昌街7號2樓
電　　話　(852) 2798 2220
傳　　真　(852) 3181 3973
網　　址　www.gccd.com.hk

出版日期　2018年12月　初版
ISBN　978-986-387-261-0

定價　300元

國家圖書館出版品預行編目資料

尋魂／藍博洲 著.--
初版. --新北市中和區：
INK印刻文學, 2018. 12
面；14.8 × 21公分. --（文學叢書；580）
ISBN 978-986-387-261-0（平裝）
1.台灣史2.白色恐怖3.報導文學
733.2931　　107016173